Mein Geschenk für dich

Reduziere mit der modernen Tinnitus Selbsttherapie für zuhause in 8 Wochen deine Tinnitus-Belastung um 87%. Du brauchst ***keine*** **teuren technischen Geräte, Antidepressiva, Ohrentropfen oder ständige Musik** am Ohr. Aus Erfahrung wissen wir, dass du mit unserem Programm deinen **Tinnitus in nur 8 Wochen nachweislich um 87 % reduzieren** kannst.

Melde dich JETZT an:

Jetzt-Tinnitus-Loswerden.net

Mit dem Rabatt-Code „Buch“ erhältst du den vollen Zugang **im 1. Monat für nur 1€:**

1. Auflage

www.Jetzt-Tinnitus-Loswerden.net

ISBN: 978-3-756-23636-7

Bibliografische Information der Deutschen Nationalbibliothek: Die Deutsche Nationalbibliothek verzeichnet diese Publikation in der Deutschen Nationalbibliografie; detaillierte bibliografische Daten sind im Internet über http://dnb.d-nb.de abrufbar

Cover Gestaltung
Marketing Löwen (eine Marke der ZHI Consulting GmbH)
www.MarketingLoewen.com
Cover Foto © Rido81 (Envato Elements)

Bildnachweis
Dr. Markus Rimser

Herstellung und Verlag: BoD – Books on Demand, Norderstedt

Dr. Markus Rimser

FREI VON TINNITUS

Tinnitus Selbstheilung mit dem Mindfulness Based
Tinnitus Reduction Training (MBTR)

Inhalt

Über den Autor

Hi! Mein Name ist Markus Rimser und ich bin der Gründer der modernsten Tinnitus-Selbsttherapie für zuhause und meditation-heilt.com – deiner Online-Achtsamkeitsschule.

Du kennst mich vielleicht schon aus dem TV oder Magazinen. Zudem bin ich Inhaber des Vipassana Retreat- und Meditationszentrums in St. Pölten.

Ich war Schüler des vietnamesischen Zen-Meisters Thich Nhat Hanh und bin einer der wenigen Meditationslehrer im deutschsprachigen Raum, die moderne Vipassana Meditation auf Basis der vollständigen Satipatthana Sutta lehren.

Als promoviertem Wirtschafts- und Geisteswissenschaftler ist mir die Alltags- und Wirtschaftstauglichkeit buddhistischer Lehren besonders wichtig, weshalb auch immer wieder Vorstände und Führungskräfte bekannter ATX und DAX-Unternehmen an meinen Meditations-Retreats teilnehmen.

Auch mein Tinnitus-Selbsttherapie-Onlinekurs ist auf die Ansprüche und Herausforderungen des modernen Menschen angepasst. Mein Wirken bleibt in der praktischen Ausübung und befreiungs-pragmatischen Essenz jedoch auch hier mit der buddhistischen Tradition eng verbunden.

Ich freue mich schon darauf, dir gleich meine Geheimnisse verraten und dich unterstützen zu können!

Herzlichst,
dein Markus

Vorwort

Schön, dass du dieses Buch in Händen hältst – wobei das bedeutet, dass entweder du selbst an Tinnitus erkrankt bist oder einer deiner Angehörigen. Für beide Fälle möchte ich dir mein Mitgefühl aussprechen. Ich kenne es selbst von meiner eigenen schweren chronischen Erkrankung, wie ohnmächtig und hilflos man sich fühlen kann, insbesondere dann, wenn einem Ärzte sagen: „da gibt es keine Heilung“, und: „da musst du damit leben lernen!“.

Interessanterweise sagt einem dann Niemand „wie man damit leben lernen“ soll, und schon gar nicht, wie man das kann. Genau aus diesem Grund habe ich dieses Buch geschrieben. Und dabei soll es nicht nur darum gehen, mit chronischem Tinnitus leben zu lernen, nein – es geht vor allem darum, sich von den Zwängen und Unannehmlichkeiten des Tinnitus zu befreien und wieder Stück für Stück in Richtung Heilung zu gehen.

Das **Minimumziel** lautet: die *volle Lebensqualität zurückzugewinnen*,

das **Maximalziel**: den *Tinnitus für immer ausklingen* zu lassen.

Dass beides möglich ist, zeigt uns die moderne Hirnforschung, aber dazu später etwas mehr.

Die gute Nachricht zu Beginn ist, dass *chronischer Tinnitus heilbar* ist, allerdings hat das in diesem Buch vorgestellte Behandlungskonzept nichts mit dem zu tun, was du vom HNO-Facharzt kennst, weshalb dir auch die meisten nicht weiterhelfen können. Einer der Gründe dafür liegt darin, dass *Tinnitus* eben *nicht im Ohr entsteht, sondern im Gehirn - in der Hörbahn*, also jenem neuronalen Prozess, der am Hörnerv beginnt und in deinem Hörzentrum (auditorischer Cortex) endet.

Ein anderer Grund liegt darin begründet, dass *Tinnitus meist multifaktoriell* bedingt ist, dh. dass meist mehrere Ursachen an der *Entstehung*, vor allem aber *am Lauterwerden des Tinnitus* beteiligt sind. Und es scheint nur allzu logisch, dass eine Erkrankung, die durch mehrere Ursachen bedingt ist, am besten durch ein ebenso multidimensional gestaltetes Behandlungskonzept geheilt werden kann, ja sogar muss. Da HNO-Ärzte eben (nur eindimensionale) Fachärzte sind, lassen einen Tinnitus-bedingte Arztbesuche ohne Ursachenfindung (idiopathischer Tinnitus) meist hilflos zurück.

Ich möchte dir gleich vorweg **die 2 wichtigsten Botschaften dieses Buchs** vermitteln:

Tinnitus ist eine *Diagnose* und keine *Prognose*! Diagnosen werden benötigt, um Krankheiten von anderen unterscheiden zu können und dementsprechend gute, passende Therapien dafür zu finden. Eine Prognose, also eine Aussage über den zeitlichen und symptomatischen Verlauf, ist Tinnitus NICHT – und das bedeutet, dass Tinnitus weder unheilbar ist, noch dass du ihn dein ganzes Leben lang haben wirst. Und genau daraus folgt auch die zweite wichtige Botschaft dieses Buchs:

Chronischer Tinnitus ist heilbar, weil das Gehirn neuroplastisch ist! Unser Gehirn ist bis ins hohe Alter lernfähig, kann sich modulieren, es kann sich jederzeit an neue, ungewohnte Rahmenbedingungen anpassen und dementsprechend auch bislang störende Ohrgeräusche wieder auf eine neue, heilsame Art verarbeiten lernen. Diese neuroplastische „Anpassung“ an „störende Geräusche“ hast du übrigens schon oft (meist unbewusst) erlebt: nämlich dann, wenn du dich in einem unbekannten Hotelzimmer anfangs durch den Straßenlärm von außen und dem Brummen der Minibar im inneren gestört gefühlt hast. Sei ehrlich: hast du beides in der zweiten Nacht auch noch als störend empfunden? Nein, weil dein Gehirn gelernt hat, Unwichtiges auszufiltern. Und ich zeige dir in diesem Buch, dass das auch bei Tinnitus möglich ist.

Ich wünsche dir beim Lesen dieses Buchs viele Aha-Effekte, vor allem aber wieder aufkeimende Hoffnung und Motivation, dich wieder Schritt-für-Schritt in Richtung Tinnitus Heilung zu bewegen. Die in diesem Buch beschrieben Behandlungskonzepte und Übungen werden dich auf diesem Weg sicher begleiten, bleibt mir nur noch mit einem Zitat von Goethe abzuschließen:

Erfolg buchstabiert man: T U N.

1. Einführung: Frei von Tinnitus

Chronischer Tinnitus ist *ver-lernbar*. Das ist die zentrale Botschaft der Neurowissenschaften und nicht nur Tinnitus an sich ist *ver-lernbar*, sondern auch seine Begleiterscheinungen, also Schlafstörungen, Verspannungen im Nacken, Hals- und Kieferbereich, aber auch Verdauungsprobleme, ein permanent hoher Stresspegel bis hin zur sozialen Isolation und die durch Tinnitus meist beginnende Depression.

Die Neurowissenschaften behaupten dieses „Verlernen“ aber nicht nur, sondern sie haben auch eine Erklärung dafür und diese lautet Neuroplastizität. Unser Gehirn ist neuroplastisch, das bedeutet, es kann sich jederzeit an alle Situationen anpassen, es kann sich modulieren. Man kann auch sagen, dass es lernfähig ist. Doch genau diese Lernfähigkeit des Gehirns – oder besser gesagt der Hörfilter – ist beim chronischen Tinnitus abhandengekommen. Unsere Hörfilter sind nicht mehr in der Lage, harmlose Ohrgeräusche auszufiltern, stattdessen richtet das Gehirn seine Aufmerksamkeit genau eben auf diese.

Um zu verstehen, wie wir unser Gehirn, und vor allem diese Hörfilter wieder zurück trainieren können, sodass die redundanten Ohrgeräusche wieder ausgefiltert werden, müssen wir wissen, was bei Tinnitus im Gehirn genau passiert. Und das zeige ich dir anhand der bildgebenden Verfahren der Neurowissenschaften. Legt man nämlich chronische Tinnitus-Patienten in einen Kernspin-Tomographen, sieht man sehr deutlich, welche Gehirnareale bei chronischem Tinnitus aktiv sind.

Da Hirnscans meist etwas unübersichtlich und schwer zu „lesen“ sind, zeige ich dir hier eine grafische Vereinfachung.

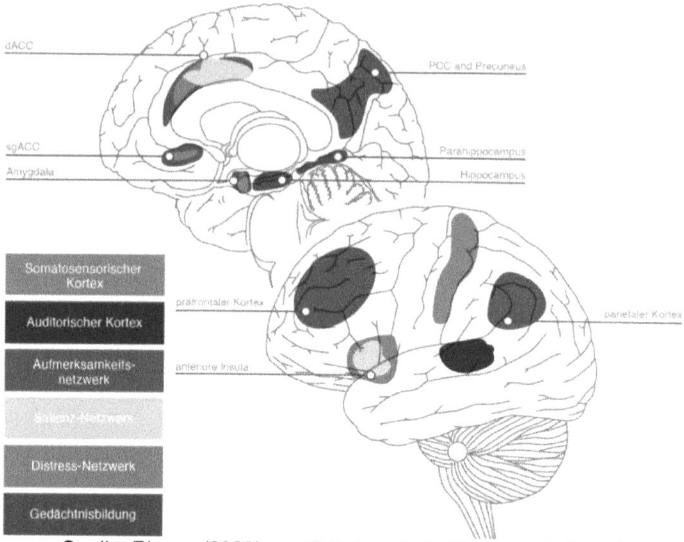

Quelle: Rimser (2022) modifiziert nach de Ridder et al. (2011)

Im unteren Bereich siehst du die Perspektive auf das Großhirn, auf den Cortex von außen und im oberen Bereich einen Längs-Querschnitt, damit du auch die tieferen Hirnstrukturen sehen kannst. Die Frage, die sich nun stellt: **welche Gehirnareale sind bei chronischem Tinnitus aktiv?**

Ich kann es gleich vorwegnehmen, es ist nicht *ein* Gehirnareal, das bei chronischem Tinnitus aktiv ist, sondern ist eine wahre Kettenreaktion, die durch das Gehirn läuft, beginnend mit einer Erregung im auditorischen Cortex. Dort findet eine Hörwahrnehmung, also eine Erregung im auditorischen Cortex statt. Noch bleibt diese Wahrnehmung im unbewussten Bereich, bis sich das Aufmerksamkeitszentrum dazu schaltet und quasi das Geräusch, das vorher unbewusst war, in den bewussten Bereich zieht. Bis jetzt noch kein großes Problem, würde sich nicht jetzt das Salienz-Netzwerk dazu schalten. Dieses Salienz-Netzwerk hat die Aufgabe, einkommende Reize mit einer Bewertung zu versehen. Ich nenne es auch gern das Social Media Zentrum im Gehirn, weil hier nämlich *Likes* und *Dislikes* vergeben werden.

Und wenn dein Salienz-Netzwerk eine Information, das Ohrgeräusch zum Beispiel, nun negativ bewertet, *„es stört mich“*, dann wird sofort das Stresszentrum aktiviert, weil das Stresszentrum denkt, dass es eine Bedrohung des Organismus durch diese Information, dieses Ohrgeräusch gibt.

Wird das Stresszentrum jetzt aktiv, dann wird ein neurochemischer Cocktail produziert, der binnen Millisekunden den gesamten Körper durchflutet und dazu führt, dass das Nervensystem in den *fight of flight* Modus geschalten wird, kurz: der Stressmodus unseres Organismus wird hochgefahren.

Passiert dieses Hochfahren des Stressmodus aufgrund des störenden Ohrgeräuschs häufiger, kommt es im Hippocampus zu einer Gedächtnisbildung. Im Grunde ist das ein sehr intelligenter Mechanismus, weil das Gehirns nämlich scannt, ob eine Bedrohung häufiger passiert. Und wenn dies der Fall ist, versucht es bei rechtzeitigem Erkennen des Stressors bereits im Vorfeld, die Bedrohungssituation zu verhindern. Deshalb speichert es alle Informationen rund um das Ohrgeräusch, z.B.:

- *in welchen Situationen,*
- *bei welchen Personen,*
- *bei welchen Hintergrundgeräuschen dieses Ohrgeräusch besonders bedrohlich wird.*

Vor allem aber speichert das Gehirn auch die ursprünglich abgefeuerte Reaktion auf das bedrohliche Ohrgeräusch (den *fight or flight* Modus), damit es künftig viel schneller und vor allem konsequent reagieren kann.

Wenn jetzt dein Hippocampus eine Gedächtnisnotiz vom Tinnitus hat, dann erkennst du das wahre Problem des Tinnitus, nämlich nicht das Ohrgeräusch an sich, sondern dass dein Gehirn den Tinnitus als Stressor erkannt hat und dazu ein vollkommen automatisiertes Stressmuster abgespeichert hat:

Wenn dieses Ohrgeräusch oder ein Hinweis, dass dieses Ohrgeräusch wieder ausgelöst und verschlimmert werden könnte, dann sofort in den fight or flight Modus gehen!

Welche fatalen Wirkungen dieser Prozess nun hat, zeige ich dir jetzt anhand der nächsten Grafik. Du hörst ein Ohrgeräusch, das den auditorischen Cortex erregt. Bis hierhin ist noch alles eitel Wonne, doch plötzlich richtet sich die Aufmerksamkeit völlig fokussiert auf das Ohrgeräusch, es folgt eine negative Einstufung durch das Salienz-Netzwerk, das Stresssystem wird angeworfen und in weiterer Folge folgt eine Gedächtnisspeicherung, eine chronische Stressmusterbildung. Also aus dem eigentlichen Problem, dem Ohrgeräusch; wurde ein chronische Stressmuster, also ein zum ohnehin schon nervenden Ohrgeräusch, zusätzliches

Problem. Dieses chronische Stressmuster hat aber einen Bumerang-Effekt.

Quelle: Rimser (2022), Seite17

Es wirkt nämlich rückwirkend auch auf alle anderen Gehirnareale. Es merkt nämlich auch die Amygdala, also dein Stresszentrum, dass da nicht nur der Tinnitus ist, gegen den man kämpfen muss, sondern auch der Stress, der dadurch entstanden ist, wird bedrohlich wahrgenommen und so beginnt das Stresszentrum gegen sich selbst aktiv zu werden.

Das führt dazu, dass das Salienz-Netzwerk erkennt, dass neben dem Tinnitus nun auch ein zweites negatives bedrohliches Szenario abläuft, nämlich die Folgewirkung des Tinnitus in Form von Stress, und das führt dazu, dass die Aufmerksamkeitslenkung sagt, okay - ich muss also nicht nur den Tinnitus kontrollieren, sondern auch das, wie ich damit umgehe, also die dadurch ausgelöste Stress-Antwort.

Und das führt dazu, dass das allgemeine Erregungspotenzial im Gehirn steigt, die Wahrnehmung wird noch sensibler und der Tinnitus dadurch leider lauter. **Das ist das große Problem beim Tinnitus:**

- *nicht das Ohrgeräusch an sich,*
- *sondern dass dein Gehirn daraus ein chronisches Stressmuster bildet.*

Und als wäre das noch nicht genug, hat auch das eine Konsequenz: unser Organismus, unser Nervensystem ist niemals auf einen Pol angelegt, also niemals *nur* auf Anspannung angelegt, sondern immer auf den Wechsel von *An*- und *Ent*spannung.

Wenn sich ein neurologisches Stressmuster, also Anspannung in deinem Gehirn chronifiziert, dann entstehen zwangsläufig weitere Stress Symptome in deinem Körper, die sogenannten Tinnitus Komorbiditäten - und diese machen deinen Tinnitus dann so richtig schlimm. Es entstehen

- *Schlafstörungen,*
- *depressive Verstimmungen bis hin zu Depression,*
- *Verspannungen in Nacken, Hals- und Kieferbereich,*
- *soziale Isolation,*
- *es kann Migräne auftauchen,*
- *es gibt Gedächtnis- und Konzentrationsstörungen,*

und all diese Nebenerkrankungen bringen ein Phänomen mit sich: auch sie machen den Tinnitus noch lauter!

Was wir jetzt im Kernspintomographen sehen ist, dass nicht nur der auditorische Cortex überreagiert, sondern nach einer bestimmten Zeit auch das somatosensorische Cortex (dieser liegt etwas oberhalb des auditorischen Cortex und ist jene Instanz, die für unser Wohlbefinden verantwortlich ist), also genau jener Bereich, der dich dann durchgängig kränklich fühlen lässt.

Doch: **wie kommen wir aus diesem neuronalen Teufelskreis, der den Tinnitus immer lauter werden lässt, wieder heraus?** Die Gehirnforschung hat sich natürlich auch diese Frage gestellt.

Das ist eigentlich logisch und relativ leicht zu erklären. Man müsste nur in dieser Kettenreaktion ein Kettenglied herausnehmen, dann würde die gesamte Kettenreaktion gestoppt werden. Fragt sich nur, wo das am einfachsten möglich ist.

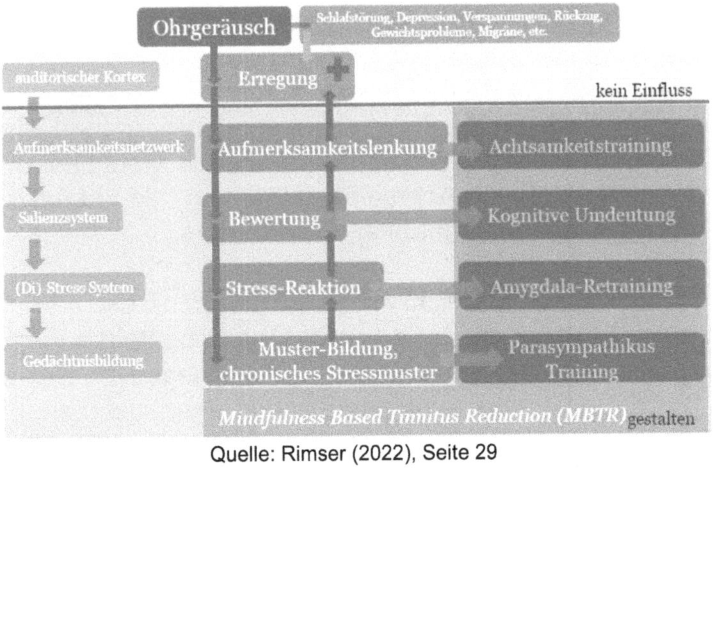

Quelle: Rimser (2022), Seite 29

Bei der Erregung im auditorischen Cortex lässt sich nichts machen, denn wenn das Ohrgeräusch bereits da ist, dann haben wir keine Chance, keinen Einfluss mehr. Aber in den vier Bereichen darunter finden wir perfekte Ansatzmöglichkeiten, wo die Tinnitus Heilung beginnen kann.

Zum Beispiel indem wir unsere Aufmerksamkeit lenken lernen. Beim chronischen Tinnitus ist es so, dass die Aufmerksamkeit völlig automatisch und meist unwillkürlich auf das Ohrgeräusch gezogen wird. Wenn du es jedoch trotzdem schaffst, deine Aufmerksamkeit vom Tinnitus wegzuziehen und wieder auf etwas Heilsames zu richten, dann beginnt der Heilungsprozess: der Tinnitus wird leiser und du gewinnst deine Lebensqualität allmählich wieder zurück.

Die mit Sicherheit beste Methode dafür ist das **Achtsamkeitstraining**. Seit Jahrtausenden beschäftigen sich mystische Kulturen mit der Schulung von Achtsamkeit und bei Buddhisten, Hindus und Daoisten hat diese Schulung des Geistes durch Achtsamkeit sogar einen Namen: Meditation. Ein modernerer (und nicht exakt passender) Begriff dafür ist auch Mentales Training, jedoch ist Achtsamkeitstraining die effektivste Form, Tinnitus nachhaltig zu lindern.

Eine weitere Möglichkeit eines Stoppens der mehrfachen Stress-Kettenreaktion im Gehirn besteht darin, im Salienz-System anzusetzen und der negativen Bewertung des Tinnitus eine positive entgegenzusetzen. Für Tinnitus Betroffene ist aus wissenschaftlicher Sicht die **kognitive Verhaltenstherapie** mit Methoden wie zum Beispiel der kognitiven Umdeutung dabei am

effektivsten. Mit einem positiven Mindset lässt sich dein Tinnitus einfach besser bewältigen.
Jetzt kommen die wesentlichsten Faktoren für ein nachhaltiges Tinnitus Therapie Konzept: wir müssen in die tieferen Gehirnschichten vordringen und dort die Stress-Kettenreaktion stoppen - also dort, wo der eigentliche Stress mit dem Tinnitus beginnt. Und dazu nutzen wir die sogenannte Amygdala Reset bzw. Retraining Technik. Sie ist einer der effektivsten Stress-Sofort-Reduktions-Methoden, die im Übrigen aus der Panik- und Angststörungsforschung entwickelt wurden.

Das **Amygdala Reset Training** hilft uns dabei, die Amygdala so weit wie möglich wieder zurück zu trainieren, und zwar derart, dass sie den Tinnitus nicht mehr als Bedrohung ansieht und dadurch keine Stress-Reaktion mehr auslöst. Damit haben wir den stärksten Hebel, um bei chronischem Tinnitus in eine schnelle Entlastung zu kommen. Und weil wir ein Gehirn brauchen, das schnell und vor allem lernfähig ist - und das ist ja, bei chronischem Stress selten der Fall - brauchen wir noch schnelle, wirksame Methoden, um das gesamte Nervensystem runterzufahren und wieder in einen entspannten Grundzustand zu gleiten.

Und dafür eignet sich das **Parasympathikus Training** besonders gut, besonders die Eliteeinheiten bei Polizei und Bundesheer nutzen es, um auch in den schwierigsten Situationen einen kühlen Kopf bewahren, völlig gelassen und ruhig agieren zu können. Dieses Training ist auch unter dem Begriff Vagusnerv-Training bekannt, da der Vagusnerv der stärkste und weitreichendste Nerv im parasympathischen Nervensystem ist.

Diese vier Methoden, die ich dir hier in diesem Buch vorstelle, sind die aktuell effektivsten Möglichkeiten, um chronischen Tinnitus nicht nur schnell zu lindern, sondern auch nachhaltig ausklingen zu lassen. Zusammen kombiniert nennt man diese vier Tinnitus Behandlungsstrategien *Mindfulness Based Tinnitus Reduction* (MBTR) *Training* oder im Deutschen das Achtsamkeitsbasierte Tinnitus Retraining. Es ist eine Therapieform des Tinnitus, die aus den USA stammt und vor ca. sechs Jahren von meiner Kollegin *Dr. Jennifer Gans* unter dem Titel „Mindfulness Based Stress and Tinnitus Reduction (MBSTR) entwickelt wurde. Ich habe Jennifers Tinnitus Therapiekonzept 2019 nach Europa gebracht, weiterentwickelt und vor allem praktisch erforscht.

Das hat natürlich den Vorteil, dass *Dr. Jennifer Gans* schon längere Zeit die Möglichkeit hatte, dieses Programm in seiner Wirksamkeit zu erforschen. Es gibt mittlerweile eine hervorragende Datenlage, was Studien betrifft und das *Mindfulness Based Tinnitus Reduction Training* ist, das kann man sagen, zum jetzigen Stand das erfolgreichste, effektivste und schnellste Tinnitus Retraining, das es gibt.

- Tinnitus Belastung sinkt massiv (0,99)
- Tinnitus Wahrnehmung entspannt sich (0,64)
- urteilsfreies Nicht-Bewerten (-1,29), gelassenes Nicht-Reagieren (-0,57)
- sozialer Rückzug verringert (-0,70)
- mentale Gesundheit (0,62), Vitalität (0,46)
- Depression gering (0,52), Angst sinkt (0,62)
- Somatisierung wird verringert (0,58)

Quelle: Gans, O'Sullivan, Bircheff (2013): Mindfulness Based Tinnitus Stress Reduction Pilot Study

Die hinterlegten Zahlen, die du hier siehst, nennt man die sogenannten Effektgrößen. Diese beschreiben, wie effektiv eine angewandte Methode ist, um ein Messkriterium zu beeinflussen, also zum Beispiel die Tinnitus Belastung oder die Tinnitus Wahrnehmung. Und wie du hier sehen kannst reduziert sich mit *Mindfulness Based Tinnitus Reduction Training* die Tinnitus Belastung massiv. Wir haben Studien in acht Wochen bei täglicher Anwendung dieses Programms durchgeführt und konnten danach eine durchschnittliche Reduktion der Tinnitus Belastung von 80-90 Prozent messen. Es gibt sogar Teilnehmer, die über eine 100-prozentige Entlastung berichten, aber nicht nur das:

- *die Tinnitus Wahrnehmung entspannt sich,*
- *es kommt zu einem „nicht mehr bewerten" des Tinnitus,*
- *zu einem gelassenen Reagieren oder besser gesagt nicht Reagieren,*
- *die soziale Isolation verringert sich und*

- *es kommt zu einem besseren subjektiven Empfinden von Gesundheit,*
- *einem Anstieg von Vitalität und, was ich persönlich ganz wichtig finde bei der Tinnitus-Erkrankung, dass*
- *die depressiven Verstimmungen sinken,*
- *dass das Angstpotenzial des Tinnitus verloren geht und*
- *dass auch die Somatisierung, also diese Körperlichkeit der Tinnitus-Erkrankung deutlich verringert wird.*

Wenn dich diese Studienergebnisse neugierig gemacht hat, dann freue ich mich, wenn du jetzt weiterliest. Ich bin mir sicher, dass dir dieses Buch über das *Mindfulness Based Tinnitus Reduction Training* (MBTR) mit seinen vier Bausteinen von

- **Achtsamkeitstraining**,
- **kognitiver Umdeutung**,
- **Amygdala Rest Training** und dem
- **Vagusnerv Training**

bereits in kurzer Zeit eine effektive Tinnitus Entlastung bringen wird, dass dein Tinnitus deutlich leiser wird und du viel gelassener und entspannter wirst, so dass es auch dein Umfeld merken wird.

2. Tinnitus Grundlagen

Ein wesentlicher Bestandteil des *Mindfulness Based Tinnitus Reduction* (MBTR) *Trainings* ist es - neben seinen 4 praktischen Behandlungsansätzen, deinen Tinnitus in seiner Symptomatik umfassend *verstehen zu lernen*. Was ich kenne, damit kann ich mich besser auseinandersetzen. Womit ich mich genauer befasse, verschafft mir mehr und mehr Sicherheit. Und worin ich mich sicher fühle, das verängstigt mich nicht mehr, da ich zunehmend mehr Kontrolle darüber erhalte. Und genauso verhält es sich mit Tinnitus.

Ich bin immer wieder überrascht, wie wenig meine Tinnitus Klienten über den Tinnitus an sich, seine Diagnostik, mögliche Behandlungswege und Heilungsaussichten Bescheid wissen. Wenn dann noch fehlerhafte oder gar falsche Ansichten dazu kommen, wundert es mich nicht, dass der Tinnitus auch in depressive Verstimmung und Hoffnungslosigkeit führen kann. Ich kann dich beruhigen: **du bist nicht allein!**

2.1. Tinnitus: Zahlen, Daten, Fakten

Nein, mit Tinnitus bist du nicht allein. Wenn wir uns die aktuellen Studien anschauen, dann sehen wir, dass zwischen 5 und 15% der Gesamtbevölkerung an Tinnitus leiden, zumindest einmal im Leben damit konfrontiert sind. Das klingt in Prozentzahlen relativ wenig, wenn wir uns jedoch die Absolut-Zahlen anschauen, finden wir unter den ca. 100 Millionen, in Deutschland, Österreich und der Schweiz lebenden Menschen, zwischen 5 und 15 Millionen Menschen, die zumindest einmal im Leben von Tinnitus betroffen sind.

Viele davon leiden an einem dekompensierten Tinnitus, das heißt, die Tinnitus Beeinträchtigung ist so stark, dass diese Menschen teilweise ihr Leben nicht mehr bewältigen können. Das sind immerhin noch eine Million Menschen im deutschsprachigen Raum, die an Tinnitus schwer erkranken. Die Zahl jener Tinnitus Betroffenen verändert sich auch ständig, so gibt es Menschen, die an Tinnitus neu erkranken, gleichzeitig gibt es aber auch Menschen, die aus dieser Statistik dann entfernt werden, weil sie geheilt sind oder die Tinnitus Beeinträchtigung ganz gut in den Griff bekommen haben.

In Deutschland z.B. wächst die Zahl der Tinnitus Betroffenen jährlich um 300.000 pro Jahr. Wir wissen mittlerweile, dass mit Beginn der Corona-Pandemie auch die Tinnitus-Betroffenen-Zahl um ca. 30 Prozent gestiegen ist: Angst und Unsicherheit sind bekannte Stress- und Tinnitus-Treiber. Spannenderweise finden wir auch das Tinnitus-Symptom als eine der Hauptnebenwirkungen von den COVID 19 Impfstoffen, das heißt: die Zahl der Tinnitus Patienten steigt und steigt und wird dem Gesundheitssystem noch einiges an Aufgabe geben.

- zwischen 5 und 15 % der Gesamtbevölkerung
  (Hoffmann et al., 2004, MedLine PubMed Central)
- davon 1% schwer erkrankt (dekompensiert)
  (Hebert et al., 2012, MedLine PubMed Central)
- allein in D 300.000 neue Fälle/Jahr
  (AOK Plus, 2020, online)
- höchster Anstieg 45-55 Jahre, höchste Zahlen zwischen 70-79 Jahre
  (AOK Plus, 2020, online)
- deutlich mehr Frauen als Männer betroffen
  (AOK Plus, 2020, online)
- häufigste Begleiterscheinungen: (Amelio, 2021, online)
  79% affektive Störungen
  64% Angststörungen
  48% Schlafstörungen

Quelle: Rimser (2022), Seite 36

Wir haben uns auch die Mühe gemacht, Tinnitus demografisch zu untersuchen und sehen in der obigen Abbildung, dass zwischen 45 und 55 Jahren der höchste Anstieg an Tinnitus Patienten zu verzeichnen ist. Das lässt sich darauf zurückführen, dass viele Menschen gerade in dieser Lebensphase die sogenannte zweite Lebenskarriere erleben: das sind meist Menschen in Doppelbelastungen, also zum Beispiel Frauen, die mit dem Wiederberufseinstieg beschäftigt sind und gleichzeitig deren Eltern zunehmend pflegebedürftig werden. Diese Doppelbelastung führt oft dazu, dass psychosomatische Beschwerden entstehen und Tinnitus gehört auch zu einem, zwar nicht ausschließlichen, aber doch sehr häufigen psychosomatischen Beschwerdebild.

Die absolut höchsten Anzahlen finden sich in der Alterskohorte zwischen 70 und 79, das liegt daran, dass beginnende Hörminderung oder Hörschäden auch bei vielen Menschen von Tinnitus begleitet sind, deshalb zeigt sich auch hier ein Ausschlag im Anstieg der Tinnitus Patientenzahlen. Wenn wir den Statistiken Glauben schenken, sind deutlich mehr Frauen als Männer vom Tinnitus betroffen.

2.2. Tinnitus: Nebenerkrankungen

Besonders ein dekompensierter, also nicht ausreichend gut bewältigter Tinnitus führt leider oft dazu, dass Sekundärerkrankungen entstehen können, die teilweise dann viel schlimmer wiegen, als die tatsächliche Tinnitus Belastung. Den Studien zufolge sind mit dem Tinnitus einhergehend

- *affektive Störungen* die häufigsten Belastungsstörungen. Dazu zählen die depressive Verstimmung, depressive Episoden, Depression allgemein, ganz wenige Tinnitus Betroffene entwickeln wegen des Tinnitus manische oder bipolare Belastungsstörungen. Als zweites entstehen
- *Angststörungen* sehr häufig, was aber auch nicht verwundert, weil gerade durch ein „nicht nachvollziehen können" warum es zum Tinnitus gekommen ist, ein gelassener Umgang damit nur schwer möglich ist. Das beeinträchtigt natürlich die Lebensqualität, man macht sich Sorgen, spinnt einen Gedanken nach dem anderen, fängt an ins Grübeln und das ist der beste Weg in Angststörungen. Und die dritte Gruppe der sogenannten Komorbiditäten sind

- *Schlafstörungen*, hier berichtet jeder Zweite, dass er von Schlafstörungen hauptsächlich *Einschlafstörungen,* aber auch *Durchschlafstörungen* betroffen ist.

Deshalb ist es wichtig, dass du möglichst früh in der Tinnitus Erkennung eine für dich passende Bewältigungsstrategie findest und möglichst rasch damit beginnst, nicht nur mental, sondern auch emotional und im Verhalten gegen diese zusätzlichen Belastungserscheinungen anzukämpfen und hier heilsame Wege zu gehen.

Das ist auch einer jener Gründe, warum mir dieses Buch wichtig ist und warum ich dankbar bin, dass du es in deinen Händen hältst: wenn du mit dem *Mindfulness Based Tinnitus Reduction Training* rechtzeitig startest, wird nicht nur dein Tinnitus leiser und sogar ausklingen können, sondern du verhinderst dadurch auch jene, meist schwerwiegenden Begleiterscheinungen des Tinnitus, die das Leben noch zusätzlich erschweren.

2.3. Definition Tinnitus

Wer heil werden möchte, der muss zuerst verstehen. Das ist einer der Gründe, warum ich dir in diesem Abschnitt mehrere Tinnitus Definitionen anführe. Definitionen von Erkrankungen zeigen meist schon aufgrund der Begrifflichkeiten auf,

- *wo mögliche Ursachen liegen können,*
- *wo und wie Wirkungen der Erkrankung sind,*

- *wie die Wirkungszusammenhänge und Wirkmechanismen von Körper-Geist-Seele sind.*

Und wir können meist aus Definitionsbeschreibungen einer Erkrankung herauslesen, was zur Heilung bzw. zur Umsetzung eines Therapiekonzeptes wesentlich ist. Die lateinische Bezeichnung des Tinnitus lautet *tinnitus aureum* und bedeutet so viel wie: klingelndes (tenire) Ohr (auris). Und so antiquiert wie diese Begriffs-Herleitung, ist auch das Tinnitus Vorkommen selbst: wenn wir der Geschichte Glauben schenken, dann gibt es den Tinnitus seit mehr als zweieinhalb tausend Jahren, also selbst im alten Römischen Reich gab es Menschen, die unter Tinnitus gelitten haben. Es gab Ärzte, die Tinnitus behandelt haben, also scheint Tinnitus schon sehr lange eine Geißel der Menschheit zu sein.

- *tinnitus aurium* (lat. „Klingeln der Ohren"):

  „(...) ein Symptom, bei dem der Betroffene Geräusche wahrnimmt, denen keine äußeren Schallquellen zugeordnet werden können."

  (wikipedia, 2021, online)
- Phantomgeräusch (subjektiver Tinnitus)
- „(...) eine neuronale Wahrnehmungsstörung, bei der Betroffene ohne einen entsprechenden externen akustischen Stimulus Geräusche wahrnehmen."

  (Eggermont, 2004, CrossRef MedLine)
- „(...) Folge einer dysfunktionalen kortikalen Re-Organisation des zentralen auditorischen Systems nach peripherer Hörschädigung."

  (Elbert/Heim, 2001)
- über- oder unterausgeprägte Neuroplastizität im auditorischen Kortex

  (Hoke et al., 1998)
- „(...) eine Aktivierung des limbischen und retikulären Systems, sowie des Frontallappens."

  (Andersson et al., 2000)
- „(...) fehlende Habituation auf akustische Reize"

  (Walpurger et al., 2003)

Quelle: Rimser (2022), Seite 45

Bei Wikipedia findet sich die Definition, dass Tinnitus ein Symptom ist, also keine Ursache, sondern bereits eine Wirkung. *Tinnitus ist also ein Symptom, eine Wirkung* bei dem der Betroffene Geräusche wahrnimmt, denen keine äußere Schallquelle zugeordnet werden kann. Es gibt also keinen äußeren (Hör-)Reiz und dennoch löst etwas die Geräuschwahrnehmung aus. Der Volksmund sagt auch gerne „Phantomgeräusch" zum Tinnitus, wobei das nur für den subjektiven Tinnitus gilt.

Entstanden ist diese Definition in Anlehnung an den bekannten Phantomschmerz, bei dem es ja tatsächlich so ist, dass z.B. durch eine Erkrankung, Amputation oder einen Unfall eine Gliedmaße abgetrennt wurde, der Betroffene jedoch selbst nach Jahren noch immer eine Wahrnehmung, eine Empfindung in diesem fehlenden Teil spürt - oftmals sogar eine schmerzhafte. Und genau diese „Fehlwahrnehmung" wird für viele Betroffene ein sehr belastendes Phänomen, eine belastende Erkrankung.

Bei den meisten Tinnitus-Arten verhält es sich ähnlich: es fehlt der Reiz von außen, und trotzdem haben wir in unserer Wahrnehmung etwas, das reagiert. Die Frage ist, warum das so ist. Und hier helfen uns die Definitionen aus den Neurowissenschaften weiter: sie beschreiben den Tinnitus nämlich als eine *neuronale Wahrnehmungsstörung*. Das heißt, wir haben jetzt zwei Begriffe, nämlich „neuronal", was für die Nervenzellen im Gehirn steht. Und diese Nervenzellen im Gehirn unterliegen einer Wahrnehmungsstörung. Jene Gehirnareale, die unsere Wahrnehmung des Hörens verarbeiten unterliegen scheinbar einer Störung.

Warum das so ist, das beantwortet die nächste Definition von Tinnitus, die besagt nämlich, dass Tinnitus die Folge einer *dysfunktionalen kortikalen Reorganisation das auditorischen Systems* ist. Das auditorische System (es liegt im Temporallappen, also im Schläfenlappen links und rechts knapp über den Ohren) verarbeitet im Normalfall alle, von außen einkommenden Hör-Reize. Wenn jedoch kein Reiz eingeht, und trotzdem etwas verarbeitet wird, dann spricht man von dysfunktional, also unheilsam, nicht gut funktionierend. Reorganisation bedeutet, dass diese Abteilung (das auditorische System) nicht in der Lage ist, diesen „internen Fehler“ wieder auszugleichen oder abzustellen.

Doch wie kommt es zu so einer dysfunktionalen kortikalen Reorganisation? Hier zeigen uns die neusten Erkenntnisse der Neurowissenschaften, dass die Neuroplastizität in diesem Bereich, also die Anpassungs- und die Lernfähigkeit nicht normal ausgeprägt, sondern entweder über oder unter ausgeprägt sind. Das heißt, die Verarbeitung von Geräuschen funktioniert nicht im normalen Sinne, sondern ist entweder über oder unter ausgeprägt und deshalb funktionieren Anpassungsprozesse nicht.

Dazu ein Beispiel: wenn du in einer Wohnung einen neuen Kühlschrank bekommst und ihn zum ersten Mal einschaltest, wirst du ein leises Hintergrundgeräusch (summen, brummen) hören. Anfangs, wenn man das Geräusch noch nicht gewohnt ist, sagt das Gehirn: „komisch, das ist aber ein komisches Geräusch!“ Manchmal ist es sogar nervig und irgendwann kann man sich vielleicht sogar darüber ärgern, aber je häufiger man es hört, umso mehr überhört man es auch, weil unser Gehirn eben neuroplastisch ist. Es lernt, dass ein Reiz ständig wiederkehrend ist und vor allem mit unserem Überleben nichts zu tun hat. Es ist nicht gefährlich und deshalb beginnt das neuroplastische Gehirn zu lernen:

„okay dieser Reiz ist scheinbar nicht wichtig, deshalb muss ich ihm keine weitere Aufmerksamkeit schenken bzw. ihn nicht beachten.

Genau das wäre eine normal funktionierende Neuroplastizität. Beim Tinnitus ist es jedoch genau umgekehrt: da ist kein Reiz von außen, die verarbeitenden Abteilungen im auditorischen Cortex wundern sich, warum nichts reinkommt, werden hektisch, drehen die Aufmerksamkeit in die Höhe und diese „Hypersensibilität“ erzeugt eine Art Rückkopplung, die du als Geräusch hören kannst. Und alles, was störend ist, über das man sich ärgert, das bekommt noch mehr Aufmerksamkeit, wird dadurch noch störender, kurz: das Symptom Tinnitus ist geboren.

An der Tinnitus Entstehung ist aber nicht nur der auditorische Cortex, also dein Hörzentrum im Temporallappen beteiligt, sondern auch das limbische System. Und dieses limbische System sorgt dafür, dass man

- *sich ärgert oder*
- *Sorgen und Gedanken über den Tinnitus macht.*

Alles, was uns über das limbische System als bedrohlich angezeigt wird, muss natürlich weiter im Auge behalten und kontrolliert werden. Und das macht dein Retikuläres System. Das Retikuläre System lenkt deine Aufmerksamkeit genau dorthin, damit sich in weiterer Folge der Frontallappen mit den bedrohlichen Reizen auseinandersetzen kann, er beginnt darüber nachzudenken, versucht Lösungen dafür zu finden – meist vergebens.

Deshalb beschreiben einige Tinnitus-Forscher den Tinnitus auch als eine fehlende Habituation auf akustische Reize. Habituation heißt nichts anderes als Gewöhnen, das bedeutet, dass es das Gehirn nicht schafft, sich an einen immer wiederkehrenden Reiz neuroplastisch zu gewöhnen, im Gegenteil sogar: es wundert sich über diesen Reiz, wirft die Scheinwerfer auf diesen Reiz, dreht die Aufmerksamkeit in die Höhe und versucht noch mehr über diesen Reiz herauszufinden. Genau dadurch wird der Reiz aber wieder stärker wahrgenommen und das erzeugt die bekannte Teufelsspirale des Tinnitus.

Im folgenden Abschnitt möchte ich kurz darstellen, wie eine gute Tinnitus Diagnose ablaufen sollte und in welche Arten Tinnitus eingeteilt werden kann. Dieses Wissen ist nicht nur für dein Verständnis der Tinnitus Entstehung wichtig, sondern vor allem für die Funktionsweise des *Mindfulness Based Tinnitus Reduction Training* Therapiekonzepts. Lies‘ weiter, ich werde dir auch zeigen, wie du Tinnitus selbst diagnostizieren kannst.

2.4. Arten von Tinnitus-Diagnosen

Dieses Kapitel behandelt die unterschiedlichen Arten von Tinnitus Diagnosen, weil ich den Eindruck habe, dass viele Tinnitus Patienten mit den Fachdiagnosen in den Befunden der HNO-Fachärzte oft gefordert sind oder nicht genau wissen, was darunter zu verstehen ist. Und was man nicht versteht, hindert auch oft, eigene Heilungswege zu suchen und zu finden.

Wir unterscheiden in der Tinnitus-Diagnose diese vier Kategorien:

- *objektiv und subjektiv*
- *akut, subakut und chronisch,*
- *kompensiert oder dekompensiert*
- *pulsatil und non-pulsatil*

2.4.1. Objektiver vs. Subjektiver Tinnitus

Was versteht man unter der Unterscheidungskategorie „objektiv vs. subjektiv"? Ein objektiver Tinnitus ist im Gegensatz zum subjektiven Tinnitus nicht nur von dir, sondern auch für den Arzt zu hören (zum Beispiel mit dem Stethoskop). Das deutet darauf hin, dass eine Ursache des Tinnitus z.B. in Gefäßerkrankungen, möglichen Tumoren oder Herzfehlern liegen kann. Hört also auch dein HNO-Facharzt die Ohrgeräusche, kriegen wir darüber einen Hinweis auf die mögliche Ursache des Tinnitus. Jedoch finden sich laut Studien nur 0,01% der Tinnitus Patienten mit einem objektiv wahrnehmbaren Tinnitus, der Rest leidet unter einem subjektiven Tinnitus und hier müssen andere Wege der Ursachenforschung gegangen werden.

2.4.2. Akuter, subakuter und chronischer Tinnitus

Wenn man zwischen akut, subakut und chronisch unterscheidet, dann meint man die Verweildauer der Tinnitus Belastung. Und das ist eigentlich eher aus einer Sicht der Behandlungsstrategie eine wesentliche Unterscheidung: finden wir nämlich einen Tinnitus vor, der relativ akut (also maximal 3 Monate zurückliegt oder andauert) ist, dann sehen wir bei weitem bessere

Erfolgsaussichten in der Behandlungsstrategie mit Infusionen (z.B. Cortison, Lidocain), durch Gabe spezifischer Medikamente (z.B. tinnitus-spezifische Antidepressiva) oder z.B. in Form von Magnesium oder Vitamin E. Wir haben auch die Möglichkeit, mit hyperbarer Sauerstofftherapie, Akupunktur oder Hochdosis Ozontherapie zu intervenieren und finden beim akuten Tinnitus meist gute Therapieerfolge vor. Es zählt wirklich jeder Tag! Also je früher du zum HNO-Facharzt gehst, umso eher kann eine schulmedizinische Akut-Therapie erfolgen und der Tinnitus sehr gut ausheilen.

Für Tinnitus-Betroffene der subakuten Phase (3-6 Monate) oder chronischen Phase (am 6 Monaten) braucht es einfach andere Therapieansätze, wie z.B. Hörakustische Behandlung, Noiser/Masker, das Tinnitus Retraining, die klassische Tinnitus Verhaltenstherapie oder eben das *Mindfulness Based Tinnitus Reduction Training*.

2.4.3. Kompensierter vs. Dekompensierter Tinnitus

Wenn wir von kompensiertem Tinnitus sprechen, dann deutet es darauf hin, dass der Tinnitus Patient einen guten Weg gefunden hat, mit der Tinnitus Belastung umzugehen - er ist also nur leicht oder mittelgradig vom Tinnitus betroffen. Reden wir aber von einer schweren oder Schwerstbelastung und der Tinnitus Betroffene ist nicht mehr in der Lage, die dadurch entstandenen Lebensbeeinträchtigungen und Komorbiditäten zu bewältigen, dann spricht man vom dekompensierten Tinnitus.

2.4.4. Pulsatiler vs. non-Pulsatiler Tinnitus

Die Unterscheidung zwischen pulsatilem und non-pulsatilem Tinnitus gibt uns auch wieder einen Hinweis auf mögliche Gefäßerkrankungen, wenn nämlich das Tinnitus Geräusch an die Herzfrequenz und den daraus folgenden Puls gekoppelt ist, ist das ein Hinweis darauf, dass meist Gefäßerkrankungen eine Ursache für die Ohrgeräusche sein können. Bei dieser Tinnitus Diagnose kann man ganz gut intervenieren bzw. ist die Ursachenfindung schneller und der Tinnitus-Leidende kommt schneller in die Therapiephase. Du merkst auch einen Unterschied im Tinnitus Geräusch an sich: der pulsatile Tinnitus ist davon gekennzeichnet, dass er mehr ein Rauschen, ein Fließen, ein Brummen ist, also ein prozesshaftes Geräusch und weniger ein Pfeifen oder ein Schrillen.

Im nächsten Abschnitt sprechen wir über die richtige Tinnitus Diagnostik, weil ich dir zeigen möchte, wie eine gute Tinnitus Anamnese und daran anschließende Diagnostik aufbereitet sein müssen. Das ist für dich auch die Qualitätssicherung deiner Arztbehandlung oder Therapie durch den HNO, um sicherzustellen, dass du optimal behandelt wirst. Denn: wird gerade in der Anamnese- und Diagnosephase das eine oder andere übersehen, werden möglicherweise nicht-zielführende oder gar falschen Therapien angewandt. Das kostet nicht nur Geld, sondern auch Zeit und lässt so manchen Tinnitus-Betroffenen aus dem akuten in den chronischen Tinnitus Verlauf übergehen. Damit wird ein potenzieller Tinnitus Heilerfolg unnötigerweise verzögert, schlimmstenfalls sogar verringert.

3. Tinnitus Ursachenfindung

Wie gestaltet sich nun eine richtige Tinnitus Diagnostik? Wir starten mit einer klassischen Anamnese. Diese findet meist in Form eines Tinnitus Fragebogen statt, zum Beispiel mit dem **Tinnitus Questionaire (TQ12)**, in dem du 12 Fragen gestellt bekommst, um deine persönliche psychologische Tinnitus Belastungsgrenze oder Belastbarkeit zu messen.

Im Anschluss findet dann die ganz normale, klassische Untersuchung mittels **klinischer Diagnostik** statt:

- im HNO-Bereich findet eine *Auskultation* statt, du wirst mit dem Stethoskop abgehört und dann wird grob
- die *Funktionsweise der Halswirbelsäule* und des *Kiefergelenks* geprüft. Dann findet
- eine *klassisch audiologische Untersuchung* statt, also wir messen Ton und die Sprachaudiometrie, und finden so heraus, in welcher Frequenz und Lautstärke dein Tinnitus tönt (so dass wir eventuell für einen Noiser das Minimum Masking Level festlegen können). Und dann gibt es noch eine
- ausführliche *Untersuchung von Trommelfell und Mittelohr*.

Das ist einmal die Basis und der Beginn einer richtigen Tinnitus Diagnostik. Aufgrund dieser erhobenen Daten ergeben diese **vier zentralen Fragen**:

- die erste ist, *wie belastend ist der Tinnitus*. Der Grad deiner Tinnitus Belastung zeigt auch, ob der Tinnitus kompensierbar ist, oder eben dekompensiert ist.
- Die zweite Frage ist, ob der *Tinnitus akut* ist und *ob es einen Hörverlust gibt*. Das ist für uns sehr wesentlich.
- Die dritte Frage ist, ob der *Tinnitus posttraumatisch*, also eine Folge eines Traumas eines Hörtraumas oder eines sonstigen Traumas ist und
- die vierte und letzte Frage: gibt es eine *pulssynchrone Darstellung des Tinnitus*, also reden wir von einem pulsatilen Tinnitus?

Wird keine dieser vier Fragen mit ja beantwortet, gibt es auch keinen Anlass für eine Behandlung oder weitere Maßnahmen, das wäre der klassisch *idiopathische*, aber *kompensierte Tinnitus*, also jene Form des Tinnitus, bei dem

- *keine konkrete Ursache* gefunden wurde,
- wir aber davon ausgehen können, dass er mit entsprechender Laufzeit von selbst verschwinden wird oder eben derart *minimal in seiner Störung* oder Störqualität bleibt, dass der *Tinnitus Patient ihn gut bewältigen kann*.

Lauten ein oder mehrere Antworten auf diese vier Fragen „Ja", dann ist die Frage, wie weiter vorgegangen werden muss. Und hier finden wieder jene 4 Tinnitus Arten Anwendung, die ich dir im vorigen Abschnitt kurz erklärt habe: beginnend mit der Unterscheidung zwischen pulsatilem oder non-pulsatilem Tinnitus.

Finden wir pulssynchrone Effekte des Tinnitus vor, hat das eine massive Auswirkung auf die weitere Behandlungsstrategie. Beim *pulsatilen Tinnitus* haben wir höchstwahrscheinlich eine Erkrankung der Gefäße vorliegen, das heißt, wir werden

- *neurovaskuläre Untersuchungen machen,*
- *kardiale internistische Untersuchungen und aufgrund dieser Diagnostik dann*
- *eine spezifische Behandlung der Gefäßerkrankung durchführen.*

Und damit sollte auch die Ursache des Tinnitus behoben sein und damit auch der Tinnitus verschwinden. Beim *non-pulsatilen Tinnitus* schaut die Situation etwas unübersichtlicher aus, hier gibt es mehrere Spielvarianten oder Untersuchungsstrategien, die jetzt verfolgt werden können, denn es gibt ja zum Beispiel einen Tinnitus

- der *posttraumatisch bedingt* ist. Dann gibt es einen Tinnitus,
- der mit *somatosensorischer Komponente* abläuft, also mit Verspannungen im Kiefergelenk, Nackenbereich, Hals- und Schulterbereich zum Beispiel, wir haben einen Tinnitus,
- der eine *psychiatrische Komorbidität* haben kann, also Depression zum Beispiel, wir haben Tinnitus,

- der *mit Kopfschmerzen* und *Migräne* begleitet ist, dann gibt es Tinnitus Arten,
- wo *Schwindel* vorrangig ist. Das ist wieder ein Hinweis auf eine spezifische Erkrankung im Innenohr, wir haben Tinnitus,
- der mit einer *Hörminderung* einhergeht oder durch ein Hörminderung ausgelöst wird und wir haben einen Tinnitus,
- der mit einem *akuten Hörverlust* einhergeht.

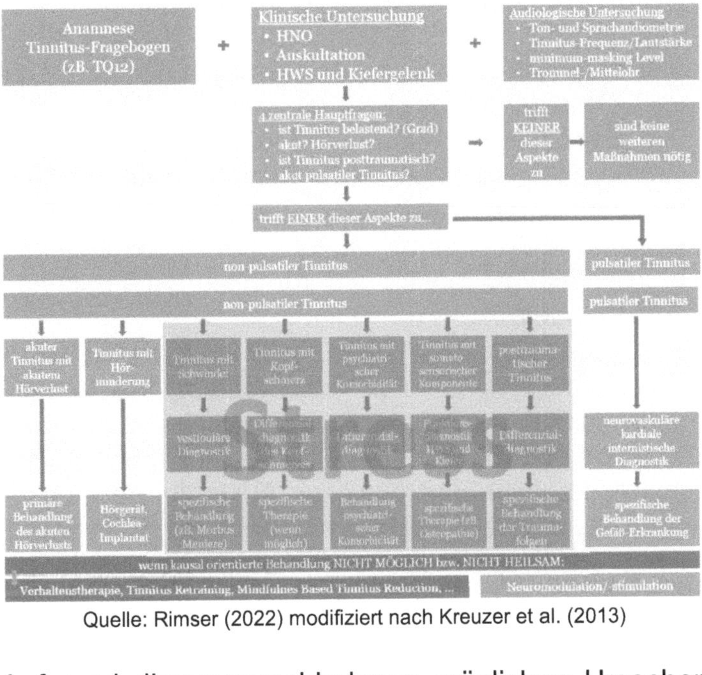

Quelle: Rimser (2022) modifiziert nach Kreuzer et al. (2013)

Aufgrund dieser verschiedenen möglichen Ursachen der Tinnitus Entstehung braucht es natürlich auch unterschiedliche Untersuchungsstrategien. Wie du in der obigen Abbildung siehst, ist Tinnitus Anamnese nicht immer so einfach, beim *posttraumatischen Tinnitus* zum Beispiel brauchen wir eine **Differentialdiagnostik**, weil wir nicht genau wissen, was der Auslöser war. Differenzialdiagnostik bedeutet ja, nach einem Ausschlussverfahren vorzugehen, das heißt wir prüfen alle möglichen Krankheitsursachen und versuchen dann, sie der Reihe nach auszuschließen. Und jene Ursache, die letztlich übrigbleibt wird dann so spezifisch wie möglich behandelt, in diesem Fall eben eine spezifische Behandlung der Traumafolge.

Beim *Tinnitus mit somatosensorischer Komponente* ist natürlich die Funktionsdiagnostik von Halswirbelsäule und Kiefer im Vordergrund, aber auch der Zähne und im Normalfall ergibt sich hier eine gut durchführbare und planbare spezifische Therapie zum Beispiel durch Chiropraktik, Osteopathie, durch einen Zahnarzt und/oder durch Physiopraxis. Bei somatosensorischer Ursache des Tinnitus besteht meist die einfachste Möglichkeit, erfolgreich und vor allem auch nachhaltig zu behandeln.

Wenn jedoch ein *Tinnitus mit psychiatrischer Komorbidität* vorliegt, dann haben wir das typische Henne-Ei-Problem und die Frage, welche Erkrankung war vorher da und ist der wahre Auslöser. Auch hier hat sich wieder die Differentialdiagnostik bewährt und führt dann zu einer spezifischen Behandlungsstrategie, wenn die Tinnitus Ursache final bekannt ist.

Beim *Tinnitus mit Kopfschmerz* ist es ähnlich. Auch Kopfschmerzen haben oft sehr viele unterschiedliche Ursachen, die abgeklärt werden müssen, dh. auch hier wieder zuerst Differentialdiagnostik und dann wenn möglich spezifische Therapie und mit etwas Glück ist dann auch eine Verringerung des Tinnitus spürbar.

Wenn wir einen *Tinnitus mit Schwindel* vorliegen haben, dann ist die Diagnostik meiner Meinung nach auch wieder einfacher gelegen, hier findet eine Vestibulär-Diagnostik des Gleichgewichtsorgans statt. Erkrankungen wie z.B. *Morbus Meniere* lösen oft Tinnitus aus, wird der *Morbus Meniere* erfolgreich behandelt, klingt meist auch der Tinnitus wieder aus.

Beim *Tinnitus mit Hörminderung* ist der klassische Behandlungsweg die Tinnitus (Er-)Lösung über ein Hörgerät oder im schlimmsten Fall ein Cochlea Implantat und wenn ein akuter Hörverlust vorliegt, dann natürlich die primäre Behandlung des akuten Hörverlusts.

Wie du in der obigen Abbildung sehen kannst, haben wir in den Bereichen Tinnitus mit Schwindel bis hin zum posttraumatischen Tinnitus relativ häufig den Begriff Differentialdiagnostik enthalten. Das heißt, hier haben wir mögliche mehrere Ursachen, die wir uns im Vorfeld in der Diagnostik anschauen müssen. Alle diese Tinnitus Ausprägungen haben gemeinsam, dass sie äußerst stressaffin sind: das heißt, **Stress und vor allem chronischer Stress ist der Haupttreiber für Schwindelanfälle, die dann Tinnitus auslösen können**, für Kopfschmerz, für Migräne, für psychiatrische Erkrankungen, genauso wie für posttraumatischen Tinnitus.
Du siehst also, dass wir bei vielen Tinnitus Ursachen über Mechanismen, die den Stresspegel im Körper runter regulieren, gute Behandlungsstrategien für stressbedingten Tinnitus entwickeln können.

Was passiert jedoch, wenn diese klassischen Behandlungsmethoden, die nach der erfolgten Diagnostik dann ablaufen, nicht zu greifen beginnen? Naja, dann bleibt uns nur mehr der letzte Schritt über und das ist die Durchführung von Verhaltenstherapie, Tinnitus Retraining Therapien oder auch dem, hier in diesem Buch vorgestellten Mindfulness Based Tinnitus Reduction Programm. Die Wissenschaft zeigt, dass Verhaltenstherapie sowie das *Mindfulness Based Tinnitus Reduction Training* eine sehr hohe Wirksamkeit für jene Fälle zeigen, wo Tinnitus chronisch geworden ist und eben über die bestehenden schulmedizinischen Behandlungsmethoden nicht mehr anspricht.

Einen nicht unwesentlichen Aspekt der Tinnitus Behandlung möchte ich dir nicht vorenthalten, nämlich geräteunterstützte Therapieanwendungen wie die Neuromodulation, das Neurofeedback, und Neurostimulation. Bei diesen Ansätzen werden meist über externe Impulse, Reize, elektromagnetische Interventionen gesetzt, die den Tinnitus Betroffenen in seiner Tinnitus Bewältigung unterstützen sollen. Das ist ein relativ neues Feld in der Tinnitus Wissenschaft, wo es auch schon die ersten Anwendungsergebnisse gibt: ähnlich, wie man beim Herzen mit einem Herzschrittmacher intervenieren kann, kann man auch über Neuromodulationen oder Neurostimulation, die Neuroplastizität und die Reorganisation des Tinnitus von außen anstoßen, in der Hoffnung, dass sich das Nervensystem wieder normalisiert und der Tinnitus leiser wird.

Ein großer Nachteil dieser geräteunterstützen Tinnitus Therapien liegt darin, dass die Anschaffung und Nutzung dieser medizinischen Geräte meist sehr kostenintensiv sind. Ein zweiter Nachteil besteht darin, dass die Wirksamkeit auf einen Behandlungserfolg mit technischer Unterstützung nicht besser ist als die psychologische Unterstützung durch die kognitive Verhaltenstherapie bzw. jener des neurowissenschaftlich fundierten *Mindfulness Based Tinnitus Reduction Trainings* – letzteres ist mit seiner selbsttherapeutischen Anwendung von zuhause aus mit Sicherheit am wenigsten kostenintensiv.

Der oben beschriebene Anamnese- und Diagnoseablauf setzt im Regelfall

- die Konsultation eines *HNO-Facharztes*,
- eines *Facharztes für Innere Medizin* und anschließend
- Besuche in Praxen der *Physiotherapie*, *Chiropraktik*, *Osteopathie* und
- *Zahnmedizin* voraus.

Nicht selten bestehen jedoch bei Fachärzten lange Wartezeiten, weshalb sich im ersten Schritt eine Tinnitus Selbstdiagnose empfiehlt. Mehr darüber im folgenden Kapitel.

4. Tinnitus selbst diagnostizieren

Eine gut gemachte **Tinnitus Diagnose umfasst 6 Faktoren**. Die möchte ich dir jetzt in diesem Kapitel näher beschreiben. Vielleicht hast du Lust, bevor du das *Mindfulness Based Tinnitus Reduction* Programm hier in diesem Buch ausprobierst, dich selbst noch einmal ganz kurz in die Richtung Tinnitus und Depression einzuschätzen. Du kannst dann nach 2-3 Monaten, wenn du jeden Tag die Übungen aus diesem Programm durchgeführt hast, einen Nachcheck durchführen und überprüfen, wie weit sich dann deine Test-Ergebnisse dahingehend verbessert haben. Und ich kann dir versprechen: du wirst eine deutliche Verbesserung wahrnehmen und diese auch im Tinnitus Selbst-Diagnose Tool abgebildet sehen.

Welche 6 Faktoren prüfen wir nun, wenn wir Tinnitus diagnostizieren?

- Die erste Frage ist natürlich *wie stark emotional belastend der Tinnitus ist.* Die meisten meiner Patienten fragen sich, warum gerade sie vom Tinnitus betroffen sind. Und unter diesem Unverständnis und der Unsicherheit leiden sie sehr. Das heißt, der Grad der emotionalen Belastung ist sehr aussagekräftig - auch für die Auswahl der richtigen Heiltherapien und Heilmethoden.
- Aber nicht nur die emotionale Belastung ist von Belang, sondern auch die Frage, inwieweit du vom Tinnitus gezwungen wirst, darüber

nachzudenken, zu grübeln und dir Sorgen zu machen. Das versteht man unter *mentaler Belastung*. Auch hier gibt es wiederum gute Ansätze, wie man gegensteuern kann – aber eben anders als bei emotionaler Belastung.

- Die *Penetranz des Tinnitus*, also wie häufig er auftaucht und wie intensiv er ist, ist auch ein maßgebendes Detail, das wir heranziehen, wenn wir Heilmethoden in der Tinnitus Therapie planen.
- Eine weitere Frage betrifft die *Minderung des Hörvermögens* und bezieht sich nicht nur auf das Problem, bestimmte Frequenzen nicht mehr hören zu können, sondern auch darauf, inwieweit ich noch *in der Lage bin, Gesprächen gut zu folgen, das zu verstehen und nachvollziehen*, was mir jemand sagt, wenn es Hintergrundgeräusche gibt. Auch hier höre ich sehr oft, dass es immer schwieriger wird, Unterhaltungen zu führen. Das führt dann oft dazu, dass man genau diese Unterhaltungen meidet, sich zurückzieht. Auch das ist ein Ansatzpunkt für die Auswahl von richtigen Therapietools.
- Wenn es zu Tinnitus bedingten *Schlafstörungen* kommt, dann ist es auch hier wichtig, ansetzen zu können, also Übungen für das Einschlafen, aber auch wie man ein erholsames Durchschlafen fördern kann. Auch das ist eine Frage, die wir in der Selbst- und in der Fremddiagnose von Tinnitus immer wieder berücksichtigen.
- Und als sechster Punkt muss abgeklärt werden, ob es sonst noch *somatoforme, also körperlich*

spürbare Beschwerden gibt, die durch den Tinnitus ausgelöst werden, also etwa Kopfschmerzen, Verspannungen, Schultern-, Nackenprobleme, Kieferprobleme. Auch hier beginnen wir, diese in der Diagnosephase sukzessive durchzuarbeiten und vertiefende Fragen dazu zu stellen.

Ich möchte dir jetzt einen relativ einfachen Schnelltest, den *Tinnitus Questionaire* (TQ12), an die Hand geben. Er besteht aus 12 einfachen Fragen bzw. Aussagen, deren Wahrheitsgehalt du mit „stimmt", „stimmt teilweise" oder „stimmt nicht" beantwortest. Du wirst ca. 5 Minuten brauchen, diese 12 Fragen durchzuarbeiten und in diesen fünf Minuten kannst du einen guten Überblick über deine Tinnitus Belastung erfahren. Mache den *Tinnitus Questionaire* am besten gleich jetzt.

4.1. Tinnitus Selbst-Diagnose Fragebogen

Aussage	Stimmt nicht	Stimmt teilweise	Stimmt
Meine Ohrgeräusche sind oft so schlimm, dass ich sie nicht mehr ignorieren kann.			
Der Tinnitus bringt mich immer wieder zum Verzweifeln.			
Wenn der Tinnitus nicht aufhört, wird mein Leben nicht mehr lebenswert sein.			
Ich bin ein Opfer meiner Ohrgeräusche.			
Der Tinnitus macht mich im Umgang mit Familie und Freunden zunehmend gereizter.			
Aufgrund der Ohrgeräusche fällt es mir immer schwieriger, mich zu entspannen.			
Der Tinnitus hat meine Leistungsfähigkeit beeinträchtigt, ich kann mich nicht mehr konzentrieren.			
Ich höre die Ohrgeräusche vom Aufwachen an bis zum Schlafengehen.			
Ich mache mir wegen des Tinnitus ernsthafte Sorgen, dass mit meinem Körper etwas gravierend nicht in Ordnung ist.			
Ich habe Sorge, dass der Tinnitus meine körperliche und psychische Gesundheit schädigen könnte.			
Durch die Ohrgeräusche brauche ich länger zum Einschlafen oder wache nachts dadurch auf.			
Ich denke oft darüber nach, ob die Ohrgeräusche jemals aufhören werden.			

Quelle: Hiller, W./Goebel, G. (2004) leicht modifiziert

Die Auswertung deines *Tinnitus Questionaire* ist ganz einfach. Wir haben folgendes Auswertungsschema im Hintergrund: wenn eine Aussage für dich zutrifft, dann vergib zwei Punkte. Wenn du sagst: sie stimmt teilweise, dann vergib nur einen Punkt. Und wenn du sagst: das trifft für mich überhaupt nicht zu, dann ist kein Punkt zu vergeben.

Mit diesem Auswertungsschema bei 12 Fragen gibt es jetzt ein Minimum von Punkten, und das ist 0, für den Fall, dass du 12 Mal befunden hast, dass die Aussage überhaupt nicht zutrifft. Im Maximalfall, also wenn du alle 12 Fragen als zutreffend bewertest, hast du insgesamt 24 Punkte erzielt. Solltest du einige Fragen mit „stimmt teilweise" bewertet haben, verschiebt das deine Gesamtpunktezahl in den Bereich zwischen 1 und 23.

Deine Auswertung des TQ12 zeigt den Schweregrad der Tinnitus-Belastung anhand der Gesamtpunkteanzahl im TQ12

- Grad 1 = *leichtgradige* Belastung: 0–5 Pkt.
- Grad 2 = *mittelgradige* Belastung: 6–10 Pkt.
- Grad 3 = *schwergradige* Belastung: 11–15 Pkt.
- Grad 4 = *schwerstgradige* Belastung: 16–24 Pkt.

„stimmt" = 2 Punkte
„stimmt teilweise" = 1 Punkt
„stimmt nicht" = 0 Punkte

Quelle: Rimser (2022), Seite 57

Doch was bedeutet die Gesamtpunktezahl als Auswertungsergebnis? Ganz einfach:

- wir sprechen von einer leichtgradigen Belastung, also *Tinnitus Belastungsgrad 1*, wenn deine Gesamtpunktezahl *zwischen 0 und 5 Punkten* liegt. Eine sehr leichtgradige Belastung bedeutet, dass dein Tinnitus zwar wahrnehmbar, vorhanden, spürbar ist, jedoch hin und wieder auf- und abtaucht, es gibt jedoch (noch) keine massive Beeinträchtigung in irgendeinem deiner Lebensbereiche, also physisches und psychisches Wohlbefinden, dein Schlafverhalten, deine Beziehungen, Leistungsfähigkeit im Job und dein Freizeitverhalten.
- Hast du eine Gesamtpunkteanzahl *zwischen 6 und 10*, sprechen wir von einem *Tinnitus Belastungsgrad 2*, also einer mittelgradigen Belastung. Das bedeutet, dass du den Tinnitus schon deutlicher wahrnimmst und er in einem deiner Lebensbereiche zu einer deutlichen Belastung führt, die deine Lebensqualität spürbar mindert.
- Ergibt deine *Tinnitus Questionaire* Auswertung *zwischen 11 und 15 Punkte*, spricht man von einer schwergradigen Tinnitus Belastung, also *Tinnitus Belastungsgrad 3*. Das heißt, hier haben wir nicht nur die Tinnitus Belastung in einem der Lebensbereiche, sondern die Tinnitus Belastung zieht sich quer durch alle deine Lebensebenen und führt bereits dazu, dass Komorbiditäten (Zusatzerkrankungen) entstanden sind, weil die Bewältigung des Tinnitus einfach nicht mehr gut funktioniert.
- Und bist du im Bereich *zwischen 16 und 24 Punkten*, spricht man vom *Tinnitus*

Belastungsgrad 4, einer sehr schweren Tinnitus Belastung im dekompensierten Bereich, dh. es dominieren bereits Einschlafstörungen, depressive Verstimmungen, sozialer Rückzug und hier ist sehr, sehr wichtig, mit einem fundierten Therapie Konzept zu behandeln.

Praktisch gesprochen bedeutet Grad 1 der Tinnitus Belastung, dass dich dein HNO-Facharzt nach Hause schickt und sagt: „gewöhnen Sie sich dran, da kann man nichts machen." Bei Grad 2 bis Grad 4 ist es wirklich essentiell, dass du eine therapeutische Begleitung, eine heiltherapeutische Unterstützung in Anspruch nimmst.

Das *Mindfulness Based Tinnitus Reduction Training* ist bestens dafür ausgerichtet, dich sukzessive von Grad 4 zu Grad 3, zu 2 und 1 zurückzuführen, so dass der Tinnitus immer leiser werden und auch verschwinden kann. Also sei nicht besorgt, wenn du hier ein höheres Punktergebnis hast. Es geht jetzt darum, Verantwortung zu übernehmen und die Punktzahl schon langsam nach unten zu senken, und du wirst sehen: wenn du die Übungen, die ich dir in diesem Buch vorstelle für 2-3 Monate wirklich regelmäßig durchführst, dann wird der Tinnitus und damit der Grad seiner Belastung deutlich nach unten gehen und du wirst dein Leben wieder entspannt genießen können. Mit etwas Ausdauer und Glück verschwindet dein Tinnitus sogar ganz.

Ich habe in den vorigen Kapiteln immer wieder auch davon gesprochen, dass Affektstörungen eine sehr häufige Begleiterscheinung von Tinnitus sein können. Deshalb möchte ich dir in diesem Selbstdiagnose Teil des Buchs auch ein Tool an die Hand geben, mit dem du prüfen kannst, ob sich bei dir Anzeichen einer depressiven Verstimmung, depressive Episoden oder bereits eine beginnende Depression zeigen.

Auch dafür habe ich einen Fragebogen für dich vorbereitet, den du einfach und selbst durchführen kannst. Vielleicht noch kurz vorweg: wie prüfen wir, ob Anzeichen einer Depression vorhanden sind? Richtig – wir nutzen wieder einige Leitfragen, die deine emotionale Verfassung mit Tinnitus näher hinterfragen. Die erste wesentliche Frage dabei lautet:

- *wie geht es dir emotional, also was löst der Tinnitus in dir emotional aus?*

Die meisten Tinnitus Patienten beschreiben, dass sie anfänglich mit einer Gereiztheit durch und auf den Tinnitus reagieren, etwas später ist bei vielen aus einer situativen Gereiztheit eine chronische Gereiztheit gewachsen, die sich vor allem in Beziehungen immer deutlicher zeigt. Allmählich wandelt dich die Gereiztheit in Richtung Ängstlichkeit, Bedrücktheit, Traurigkeit, und wenn sich diese sorgenvolle, trübe Verstimmung über einen längeren Zeitraum immer wieder aufbaut, ist das bereits ein Anzeichen, dass sich eine depressive Verstimmung anbahnen kann.

Wie gesagt, traurig, bedrückt und ängstlich ist jeder einmal für einen kurzen Moment. Die Emotion taucht auf, ist eine Zeit lang da, verschwindet jedoch dann wieder. Bleibt sie aber latent in deinem Stimmungsbild vorhanden, dann ist das ein Hinweis darauf, dass sich der Tinnitus auch in Form einer depressiven Verstimmung festzusetzen beginnt.

Eine zweite wesentliche Frage ist,

- *wie sich dein Sozialverhalten durch die Tinnitus Belastung verändert.*

Viele Tinnitus Betroffene beginnen sich allmählich aus gesellschaftlichen Begegnungen zurückzuziehen, reagieren mit Ängstlichkeit auf sozialen Kontakt und schränken diesen so weit wie möglich ein oder werden passiv und wirken gehemmt. Und das ist bitte situativ zu verstehen – für viele gibt es Bereiche, wo sie einfach „besser funktionieren müssen“ und sich Rückzug, Hemmungen etc. einfach nicht leisten können/wollen – deshalb kämpfen sie sich vor allem in beruflichen Herausforderungen regelrecht durch, was aber eben seinen Preis hat: man wird im privaten Bereich sozial isolierter und scheut mehr und mehr Öffentlichkeit.

Auch daran lässt sich erkennen, ob sich das Verhalten in Richtung depressive Verstimmung verschiebt. Meist damit einhergehend stellt sich beim Tinnitus Leidenden dann ein Selbstbild ein, das zunehmend negativ geprägt wird, die mentale motivationale Ausrichtung wird deutlich dunkler. Es kommt zu Störungen in der Konzentration, selbst beliebte Hobbys machen keinen Spaß mehr und auch beim Essen verspürt man zunehmend weniger oder gar keinen Appetit mehr.

All das sind wirklich deutliche Anzeichen dafür, dass die depressive Verstimmung chronisch wird und wenn du das bei dir selbst oder eben bei Angehörigen beobachtest, ist das ein (Warn) Signal: jetzt verliert jemand diese Bewältigungsfähigkeit, die einen immer wieder aufstehen lässt und schon langsam zieht sich ein depressives Verstimmungsmuster durch.

Wenn sich ein mentales und emotionales Verstimmungsbild einmal chronifiziert hat, dauert es meist auch nicht lange und es beginnt sich somatisch, also körperlich zu äußern - das ist oft der wesentlichste Gradmesser für eine stärkere depressive Belastung. Zum Beispiel in Form von:

- *nicht mehr einschlafen oder durchschlafen zu können,*
- *ständig am Grübeln und Sorgen machen sein*
- *nicht mehr genügend Kraft oder Energie zu verspüren*
- *wenig Lust auf Essen zu haben,*
- *beginnende Appetitstörungen (z.B. abmagern, erbrechen)*
- *chronische Müdigkeit bis hin zu einem*
- *dauerhaften Erschöpfungssyndrom*

Im nächsten Abschnitt findest du das Beck-Depressions-Inventar (BDI). Das ist wieder ein Fragebogen mit 21 Antwortgruppen, wo du jeweils auswählen kannst, welche Antwort für dich eher zutrifft. Beantworte nun die Fragen aus dem Depressions-Inventar und im Anschluss daran zeige ich dir, wie du auswertest und so zu einer guten Analyse für dich eine deinen emotionalen Zustand gelangst.

4.2. Das Beck-Depressions-Inventar (BDI)

Dieser Fragebogen enthält 21 Gruppen von Aussagen. Bitte lese jede Gruppe sorgfältig durch. Suche dann die eine Aussage in jeder Gruppe heraus, die am besten beschreibt, wie du dich in den letzten 7 Tagen gefühlt hast. Kreuze dann die dazugehörige Ziffer (0,1,2 oder 3) an. Falls für dich mehrere Aussagen einer Gruppe gleichermaßen zutreffen, kannst du auch mehrere Ziffern markieren. Lass auf jeden Fall alle Aussagen auch emotional auf dich wirken, ehe du deine Wahl triffst – und antworte vor allem ehrlich.

A
0 Ich bin nicht traurig
1 Ich bin traurig
2 Ich bin die ganze Zeit traurig und komme nicht davon los
3 Ich bin so traurig oder unglücklich, dass ich es kaum noch ertrage

B
0 Ich sehe nicht besonders mutlos in die Zukunft
1 Ich sehe mutlos in die Zukunft
2 Ich habe nichts, worauf ich mich freuen kann
3 Ich habe das Gefühl, dass die Zukunft hoffnungslos ist und dass die Situation nicht besser werden kann

C
0 Ich fühle mich nicht als Versager
1 Ich habe das Gefühl, öfter versagt zu haben als der Durchschnitt
2 Wenn ich auf mein Leben zurückblicke, sehe ich bloß eine Menge Fehlschläge

3 Ich habe das Gefühl, als Mensch ein völliger Versager zu sein

D
0 Ich kann die Dinge genauso genießen wie früher
1 Ich kann die Dinge nicht mehr so genießen wie früher
2 Ich kann aus nichts mehr eine echte Befriedigung ziehen
3 Ich bin mit allem unzufrieden oder gelangweilt

E
0 Ich habe keine Schuldgefühle
1 Ich habe häufig Schuldgefühle
2 Ich habe fast immer Schuldgefühle
3 Ich habe immer Schuldgefühle

F
0 Ich habe nicht das Gefühl, gestraft zu sein
1 Ich habe das Gefühl vielleicht bestraft zu werden
2 Ich erwarte bestraft zu werden
3 Ich habe das Gefühl bestraft zu gehören

G
0 Ich bin nicht von mir enttäuscht
1 Ich bin von mir enttäuscht
2 Ich finde mich fürchterlich
3 Ich hasse mich

H
0 Ich habe nicht das Gefühl schlechter zu sein als die anderen
1 Ich kritisiere mich wegen meiner Fehler und Schwächen

2 Ich mache mir die ganze Zeit Vorwürfe wegen meiner Mängel
3 Ich gebe mir für alles die Schuld, was schiefgeht

I
0 Ich denke nicht daran, mir etwas anzutun
1 Ich denke manchmal an Selbstmord, ich würde es abernicht tun
2 Ich möchte mich am liebsten umbringen
3 Ich würde mich umbringen, wenn ich es könnte

J
0 Ich weine nicht öfter als früher
1 Ich weine jetzt mehr als früher
2 Ich weine jetzt die ganze Zeit
3 Früher konnte ich weinen, aber jetzt kann ich es nicht mehr, obwohl ich es möchte

K
0 Ich bin nicht reizbarer als sonst
1 Ich bin jetzt leichter verärgert oder gereizt als früher
2 Ich fühle mich dauernd gereizt
3 Die Dinge, die mich früher geärgert haben, berühren mich nicht mehr

L
0 Ich habe nicht das Interesse an Menschen verloren
1 Ich interessiere mich jetzt weniger für Menschen als früher
2 Ich habe mein Interesse an anderen Menschen zum größten Teil verloren
3 Ich habe mein ganzes Interesse an anderen Menschen verloren

M

0 Ich bin so entschlussfreudig wie immer
1 Ich schiebe Erledigungen jetzt öfter als früher auf
2 Es fällt mir jetzt schwerer als früher, Entscheidungen zu treffen
3 Ich kann überhaupt keine Entscheidungen mehr treffen

N

0 Ich habe nicht das Gefühl, schlechter auszusehen als früher
1 Ich mache mir Sorgen, dass ich alt und unattraktiv aussehe
2 Ich habe das Gefühl, dass in meinem Aussehen Veränderungen eintreten
3 Ich finde mich hässlich

O

0 Ich kann so gut arbeiten wie früher
1 Ich muss mir einen Ruck geben, bevor ich eine Tätigkeit in Angriff nehme
2 Ich muss mich zu jeder Tätigkeit zwingen
3 Ich bin unfähig zu arbeiten

P

0 Ich schlafe so gut wie sonst
1 Ich schlafe nicht mehr so gut wie früher
2 Ich wache 1-2 Stunden früher auf als sonst, und es fällt mir schwer, wieder einzuschlafen
3 Ich wache mehrere Stunden früher auf als sonst und kann nicht mehr einschlafen

Q

0 Ich ermüde nicht stärker als sonst
1 Ich ermüde schneller als früher

2 Fast alles ermüdet mich
3 Ich bin zu müde, um etwas zu tun

R
0 Mein Appetit ist nicht schlechter als sonst
1 Mein Appetit ist nicht mehr so gut wie früher
2 Mein Appetit hat stark nachgelassen
3 Ich habe überhaupt keinen Appetit mehr

S
0 Ich habe in letzter Zeit kaum abgenommen
1 Ich habe mehr als 2 Kilo abgenommen
2 Ich habe mehr als 5 Kilo abgenommen
3 Ich habe mehr als 8 Kilo abgenommen

T
0 Ich mache mir keine größeren Sorgen um meine Gesundheit als sonst
1 Ich mache mir Sorgen über körperliche Probleme, wie Schmerzen, Magenbeschwerden oder Verstopfung
2 Ich mache mir große Sorgen über gesundheitliche Probleme, dass es mir schwerfällt, an etwas anderes zu denken
3 Ich mache mir große Sorgen über gesundheitliche Probleme, dass ich an gar nichts anderes mehr denken kann

U
0 Ich habe in letzter Zeit keine Veränderung meines Interesses an Sex bemerkt
1 Ich interessiere mich weniger für Sex als früher
2 Ich interessiere mich jetzt viel weniger für Sex
3 Ich habe das Interesse an Sex völlig verloren

Und? Wie viele Punkte hast du erreicht? Du hattest 21 Frage-Kategorien und in jeder dieser vier Antwortmöglichkeiten mit Punktewerten von 0, 1, 2 oder 3 zur Verfügung. Das heißt, bei maximaler Punktauswertungsmöglichkeit müssten 63 Punkte herausgekommen sein, als minimale 0. Das heißt, du müsstest in deiner Auswertung jetzt irgendeinen Zahlenwert zwischen 0 und 63 haben. Und diesen Zahlenwert vergleiche bitte jetzt mit jenen, dieser Auswertung:

Deine Summenwerte des Beck-Depressions-Inventars zeigen dir den Grad einer möglichen Depression

- *keine* Depression: 0–8 Pkt.
- *minimale* Depression: 9–13 Pkt.
- *leichte* Depression: 14–19 Pkt.
- *mittelschwere* Depression: 20–28 Pkt.
- *schwere* Depression: 29-63 Pkt.

Quelle: Rimser (2022), Seite 69

Wenn dein Auswertungsergebnis zwischen 0 und 8 Punkten liegt, dann freu dich, es gibt kein Anzeichen einer Depression und du bist bestens in der Bewältigung deiner Tinnitus Belastung.

Zeigt dein Ergebnis zwischen 9 und 13 Punkten an, spricht man von einer minimalen Depressionsneigung: du bist noch gut gefestigt und hast eine gute Tinnitus Toleranz, aber die Tinnitus Belastung zieht dich ab und an in einen negativen Gemütsbereich hinein. Solange du wieder zurück in deine positiv gestimmte und in eine heilsame Tinnitus Therapiehaltung findest, ist das gar kein Problem.

Solltest du ein Ergebnis zwischen 14 und 19 Punkten erzielt haben, spricht das *Beck-Depressions-Interventar (BDI)* bereits von einer leichten Depression. Das heißt, es hat sich schon sukzessive eine leicht depressive Verstimmung in dein Gemüt eingewebt und hier ist es wichtig,

- *es erstens zu erkennen und*
- *zweitens hier gegenzusteuern*,

also nicht immer wieder auf negative Gedankenketten und Emotionsspiralen einsteigen zu müssen. Es geht vor allem darum, wieder in eine Wahlmöglichkeit über deine Stimmung, deine Gefühle, deine Empfindungen, über deine Gedanken zu kommen und selbst dafür Verantwortung zu übernehmen. Hier gilt es achtsam zu sein und dich wieder aus dem Unheilsamen rauszuziehen, bevor es in deinem Geist die Kontrolle übernimmt. Aber genau aus dem Grund hältst du dieses Buch ja in deinen Händen.

Eine mittelschwere Depression findet man, wenn das Ergebnis zwischen 20 bis 28 Punkte anzeigt und eine schwere Depression bei einem Ergebnis darüber bis 63 Punkte. Solltest du jetzt in diesen beiden Bereichen liegen: es gibt keinen Grund zur Sorge, wie gesagt, dieses *Depressions-Inventar* gibt bloß einen Hinweis darauf, wie dein Geist aktuell gestimmt ist, also welches Betriebssystem, welche Software sich hier in Bezug auf den Tinnitus eingenistet hat.

Und du musst nur erkennen, ob dich diese Software, diese Ausprägung in deinem Gemüt, deiner Tinnitus Heilung näherbringt. Und hier lautet die Antwort sehr klar: **Nein, das tut sie nicht!**

Solltest du wirklich eine hohe Punktezahl als Ergebnis haben, also eine schwere Depression, nimm dir Unterstützung, psychiatrischer oder psychotherapeutischer Natur – es ist keine Schande, sich in schwierigen Zeiten beraten und begleiten zu lassen. Ich weiß, dass es für viele ein Tabuthema ist, aber wenn du dir beim Laufen ein Knöchel verstauchst und du kannst nach drei Tagen noch immer nicht gut aufsteigen, dann wird dich niemand schief anschauen, wenn du zu einem Arzt gehst und dich behandeln lässt. Und bei einer depressiven Verstimmung, bei einer Depression, ist es ähnlich: wenn die Gemütslage so grau, so finster, so negativ belastet ist, dann kommt auch nichts anderes heraus. Das heißt, es wird dir nichts anderes überbleiben, als hier radikal die Ausrichtung zu ändern und wieder in eine positive optimistische Grundhaltung zu gehen, weil *das* die wesentlichste Grundvoraussetzung für die Tinnitus Heilung ist. Und manchmal macht es eben Sinn, therapeutisch, psychiatrisch zu intervenieren.

Es gibt z.B. einige Antidepressiva, die auch auf den Tinnitus sehr gute Nebenwirkungen zeigen, bedeutet, dass manche Patienten den Tinnitus dann sogar als weniger laut empfinden. Das stellt zwar keine Grundheilung des Tinnitus dar, aber es ist einmal eine vorübergehend gute Unterstützung, dass man ein Tinnitus Heilungsprogramm, wie z.B. das *Mindfulness Based Tinnitus Reduction Training* überhaupt erst angehen kann.

Ich möchte es noch einmal betonen: du brauchst eine positive Gestimmtheit, also Vertrauen, Hoffnung und Zuversicht, eben eine heilsame Basis, von der aus du den Tinnitus auch erfolgreich behandeln kannst. Und wenn das zurzeit nicht gegeben ist, dann ist es überhaupt kein Problem, für diese Zeit therapeutische Hilfe mit eventuell medikamentöser Unterstützung in Anspruch nehmen. Du wirst sehen, dass dir dann die Tinnitus Behandlung deutlich leichter gelingen wird.

4.3. Die psychologische Tinnitus Diagnostik

Ich möchte dir jetzt noch ganz kurz zeigen, was dich erwartet, wenn du eine Tinnitus-bezogene psychologische Hilfe in Anspruch nimmst. Psychologische Tinnitus Diagnostik läuft meist nach einem Ursache-Wirkungsschema ab. Wir gehen dabei von (Tinnitus) verursachenden Ereignisketten aus, die wir dann sukzessive hinterfragen. Nutze diese Fragen gleich beim Lesen dafür und prüfe, was es bei dir auslöst, wenn du dein Tinnitus Geschehen auf diese Art hinterfragst.

In der Psychologie geht man immer davon aus, dass es einen Reiz gibt. Dieser Reiz führt zu einer kognitiven Verarbeitung. Das heißt, das Gehirn macht sich Gedanken dazu und „googelt" im Hintergrund:

- *woher kenne ich diesen Reiz?*
- *was habe ich damals empfunden?*

Die gespeicherten und erinnerten Erfahrungen lösen dann Gefühle im Körper aus. Diese Gefühle triggern unser Nervensystem, welches dann Neurotransmitter aktiviert, die wiederum Hormone produzieren, die dann auf den Körper einwirken. Der Körper geht daraufhin in eine positive oder eine negative Stressantwort und aus dieser Haltung heraus entsteht dann ein Verhalten, das entweder im Sinne eines Öffnens, eines „Gas Gebens“, eines anspornenden Voranschreitens entspricht, oder eben genau dem Gegenteil, nämlich einem sich zurückziehen, ängstlich sein, sich schützen, einer allgemeinen Reduktion.

Das ist so eine typische Erkenntniskette, wie wir sie in der psychologischen Diagnostik immer wieder analysieren. Damit es für dich ein bisschen prägnant und griffiger wird, hier ein paar Beispiele:

Was könnte z.B. ein Reiz sein? Also manche Männer sagen: „ja, wenn die Schwiegermutter den Raum betritt, dann ist es ganz aus bei mir.“ An diesem Beispiel hätten wir einen Menschen bzw. das Verhalten eines Menschen, das angenehmes oder unangenehmes in uns auslöst. Meistens sind es jedoch Situationen, die für uns reizend und belastend sein können. Ich bekomme z.B. einen Anruf, dass ich zum Chef kommen soll. Das ist eine Situation, die etwas mit mir macht. Oder man ist z.B. in einem Meeting und plötzlich wird es dort sehr hektisch und es brechen Konflikte auf. Auch das ist eine Situation, die für mich belastend sein kann. Oder du hast plötzlich das Gefühl, dass dein Tinnitus wieder lauter wird.

Belastungssituationen sind ein Reiz. Auf belastende Situationen folgt nun die kognitive Verarbeitung in Form von negativen Gedanken-Ketten. Zum Beispiel: „ich halte es nicht mehr aus“, „das wird nie besser“, „was soll ich nur machen?“, „ich kann eh nichts tun“

oder „ich bin völlig ohnmächtig". Und dann entstehen aus diesem Denken Gefühle, ich fühle mich z.B. plötzlich nutzlos, hilflos, wertlos, ängstlich, oder ich werde plötzlich fürchterlich wütend.

Diese aus Gedanken entstandenen Gefühle triggern dann unser Nervensystem und es entsteht eine Stressreaktion. Cortisol wird ausgeschüttet, Adrenalin wird ausgeschüttet, Noradrenalin wird ausgeschüttet. Und plötzlich beginnt der Körper sich unruhig, passiv, müde oder unruhig erregt anzufühlen. Der Tinnitus wird lauter. Die Kopfschmerzen werden stärker. Das ist dann die körperliche Reaktion auf die Belastungssituation. Aufgrund dieses nun erlebten Empfindens, also wie ich mich jetzt nach dem Reiz fühle, beginne ich mich dementsprechend zu verhalten, mich also z.B. zurückzuziehen, wenn ich mich ängstlich fühle. Oder andere anzuklagen und zu verurteilen, wenn ich wütend bin.

Doch daraus entstehen dann innere oder eben äußere Spannungen als Folgewirkungen. Viele, durch lauter werdenden Tinnitus verunsicherte Patienten werden plötzlich völlig hyperaktiv: sie laufen von Arzt zu Arzt, es beginnt ein wahres Ärzte Shopping. Das ist ein klassisches Beispiel für eine Negativspirale und diese sehen wir uns in einer psychologischen Diagnostik genauer – auch im Hinblick auf einen entspannten Umgang damit an.

Ein Beispiel eines meiner Klienten, der zu mir kam und das Folgende schilderte: „... und plötzlich war der Tinnitus so laut. Das ist mir so richtig klar geworden, dass ich ein Problem habe. Daraufhin ist sofort diese negative Zukunftsperspektive aufgekommen: das wird nie besser werden! Dann habe ich sofort das belastende

Gefühl verspürt, Angst vor der Zukunft. Möglicherweise verliere ich meinen Job, wenn ich nicht leistungsfähig bin. Dadurch ist mein Tinnitus gleich noch lauter geworden."

Vollkommen logisch, denn sein Stresspegel ist kontinuierlich angestiegen. Doch was hat mein Klient dann gemacht? Er hat sich gesagt: „okay, jetzt muss ich mich eben schonen, ich werde mich etwas zurückziehen." Klingt nach einer passenden Reaktion, doch sein sorgenvoller Geist hat ihn gleich mit einer weiteren Ereigniskette in die Knie gezwungen: das „ich ziehe mich zurück" führte nämlich dazu, dass er dann dachte: „super, jetzt finde ich keine Partnerin mehr, weil ich mich zurückziehe."

Der soziale Rückzug bedeutete für ihn, dass er in Sachen Dating nichts mehr unternehmen könnte. Das wiederum war ein Reiz, der in seinem Gehirn wiederum zu negativem Denken geführt hat: „dann bleibe ich ewig allein." Das führte dann dazu, dass er sich wieder schlecht gefühlt hat. Sein Körper reagierte wieder in Form von Psychosomatik und so drehte sich Teufelskreis-Spirale weiter.

Was machen jetzt gute Therapeuten? Sie beginnen Anamnese Fragen zu stellen. Die zeige ich dir hier jetzt noch ganz kurz. Wie gesagt, ganz ausführlich findest du diese Fragen im begleitenden Videokurs des *Mindfulness Based Tinnitus Reduction Trainings*, vorrangig im Teil der kognitiven Umdeutung, weil das genau dieser verhaltenstherapeutische Methodenansatz ist, der sich mit dieser Erkenntniskette am besten auseinandersetzt. Aber hier ein paar Beispiele für Fragen die dir diese Ereignisketten schön sichtbar machen, z.B. durch Fragen:

- *nach Bedingungen der Tinnitus Belastung,*
- *wann nimmt der Tinnitus z.B. zu?*
- *wann und wo ist das Geräusch verstärkt?*
- *wo ist es lauter, quälender, prägnanter, intensiver?*
- *wo liegt die Penetranzhöhe? Oder*
- *wenn es da stärker wahrgenommen wird, was denkst du dann über dich?*
- *was denkst du über die Situation?*
- *wie fühlt sich das an?*
- *wie fühlst du dich dann?*
- *wie reagiert dein Körper?*
- *wie verhältst du dich dann?*
- *welche Glaubenssätze sind dann vorhanden?*
- *wie/was bist du in diesen Situationen (nicht mehr)?*

Und dann fragen wir dann aber natürlich auch nach

- *Bedingungen, wo die Tinnitus Belastung deiner Wahrnehmung nach abgenommen hat?*
- *wann und wo erlebst du den Tinnitus als leiser?*
- *Wann als weniger stark, im Hintergrund, überdeckt oder weniger störend? Und wenn du das jetzt so in Gedanken durchgehst:*
- *wie fühlst du dich dann dabei? Also*
- *wie reagiert dein Körper, wenn die Situation so ist, wie du sie beschreibst, und die Tinnitus Belastung abgenommen hat?*

- *wie ist es dann, wenn der Tinnitus abgenommen hat und du dich dementsprechend fühlst?*
- *kannst du so ein Moment auch genießen?*

Die Fragen sind deshalb „*hin zu*“ und „*von weg*“ orientiert gestellt, weil sie für den Therapieplan Folgendes implizieren:

alles, was du im ersten Fragebereich an Antworten bringst, das gilt es *künftig zu meiden*.

Also alles, was den Tinnitus und die Belastung dadurch erhöhen kann, kann man jetzt einmal versuchen, es so gut wie möglich zu vermeiden, zu meiden und dadurch die Tinnitus Belastung auch proaktiv steuern zu können.

Und alles, was wir unter Punkt 2 erfragt haben, also wann die Tinnitus Belastung abnimmt, *das wollen wir natürlich fördern*.

Hier gilt es, mehr von dem zu tun, als vorher und du wirst auch sehen, dass hier interessante Dinge dabei sein können. Ich kann mich erinnern, dass z.B. ein Klient gesagt hat: „Ja, das Stand-Up-Paddeln, das wollte ich immer schon machen, aber aufgrund der Arbeit und des Stresses habe ich es dann doch nie gemacht. Und es ist ja so aufwendig, dass man dieses Stand Up Paddel dann aufs Autodach spannt!“

Nach einer psychologischen Beratungssitzung hat er sich jedoch die Mühe gemacht, die Zeit genommen und jetzt liebt er das Stand-Up-Paddeln. Wenn er dann am See ist und es vollkommen ruhig ist, erlebt er plötzlich auch den Tinnitus - und das trotz der Stille - als deutlich reduzierter und angenehmer. Er fühlt sich besser, er fühlt sich plötzlich frei. Und genau das sind jene Ressourcen, die wir fördern und stärken möchten.

4.4. Das Vulnerabilitätsmodell des Tinnitus

Das Wichtige ist, nicht jeder Tinnitus stellt für jeden Menschen gleich eine Belastung dar. Und deshalb ist es wichtig herauszufinden, wie man in welchen Situationen den Tinnitus und seine Belastungserkenntnis auch selbst steuern kann. Eine besondere Hilfestellung dabei ist das *Vulnerabilitätsmodell nach Hiller und Goebel*.

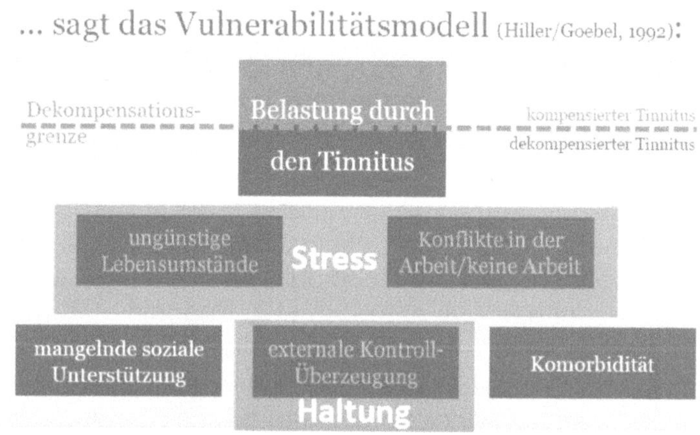

Quelle: Rimser (2022), Seite 79, modifiziert nach Hiller/Goebel (1992)

Es zeigt uns, dass es sehr wohl verschwindende Grenzen zwischen einer Tinnitus Kompensation, also einer heilsamen Bewältigung, gibt und einen Bereich, in dem Tinnitus eben nicht mehr ausreichend kompensiert werden kann (er also dekompensiert wird). Das ist zwar ein fließender Übergang, in dem wir jedoch gute Möglichkeiten der Steuerung haben.

Im *Vulnerabilitätsmodell* wird gut veranschaulicht, dass der Tinnitus an sich und jene Belastungen, die durch ihn erst entstehen, von einigen Co-Faktoren abhängig sind. Diese machen es uns entweder leichter oder eben schwerer, mit dem Tinnitus umzugehen.

Die Ebene oberhalb der sogenannten Dekompensationsgrenze zeigt uns jenen Bereich, in dem wir gestalten können und die Belastung soweit reduzieren können, dass eine Gestaltbarkeit des Tinnitus gegeben ist. Deshalb sprechen wir vom kompensierten Tinnitus. Der Bereich unterhalb dieser Dekompensationsgrenze signalisiert, dass der Tinnitus nicht mehr kompensierbar ist.

Hiller und Goebel haben sich gefragt, was man aktiv tun müsste, um in den dekompensierten Bereich zu kommen, anders formuliert, was man machen müsste, damit der Tinnitus noch lauter, noch penetranter und noch belastender wird? Anhand von Patientenbefragungen wurden die Antworten recht deutlich: Tinnitus wird *dekompensiert*, je

- *ungünstiger die Lebensumstände sind,*
- *je höher das empfundene Stress-Level ist,*
- *je häufiger und ungelöster zwischenmenschliche als auch innere Konflikte sind*
- *je heftiger Probleme in der Arbeit oder eben gar keine Arbeit vorhanden sind*

Aber auch

- *mangelnde soziale Unterstützung,*
- *mangelnder Rückhalt in der Familie,*
- *Konflikte in der Partnerschaft oder Alleinsein*

sind für Tinnitus Betroffene oft schwierige Themen, die die Gefahr erhöhen, den Tinnitus bald nicht mehr bewältigen zu können. Hiller und Goebel bringen aber auch einen weiteren interessanten Faktor ins Spiel, nämlich die Ansicht über die Verantwortung, den Tinnitus bzw. seine Heilung kontrollieren zu können. Die Kontrollüberzeugung beschreibt nämlich, inwieweit ein Tinnitus Betroffener selbst für sich die Verantwortung für die Tinnitus Heilung übernimmt.

Wenn ich z.B. der Meinung bin, dass ich da gar nichts tun kann und es die Aufgabe von Ärzten und Therapeuten ist, dann bin ich davon überzeugt, dass mir eben nur Andere helfen können. Genau diese Ansicht zementiert dann meist einen schweren Tinnitus Belastungsgrad ein. Hier wäre es besonders wichtig, selbst Verantwortung zu übernehmen, also eine internale Kontrollüberzeugung zu haben. Das beinhaltet den Glauben, es selbst schaffen zu können und gibt einem einen hohen Grad an Selbstwirksamkeit in der Tinnitus Heilung. Das ist die Grundvoraussetzung, die Tinnitus Belastung eigenständig steuern zu lernen.

Wie bereits in den voran gegangenen Kapiteln erwähnt, führen Komorbiditäten meist dazu, die Tinnitus Belastung deutlich zu erhöhen. Wenn man nicht nur den Tinnitus als Belastung hat, sondern auch Depression, Schlafstörungen, Verspannungen im Körperbereich, diverse Organe die zu schmerzen beginnen, etc., dann ist die Wahrscheinlichkeit deutlich geringer, in den kompensierten Bereich zu kommen.

Für jede nachhaltige Tinnitus Therapie zeigt das Vulnerabilitätsmodell des Tinnitus, dass es zwei wesentliche Stellfaktoren in der Tinnitus Behandlung geben muss:

- das Eine ist Stress*reduktion* - und damit meine ich nicht Stressreduktion im Außen (dass wir z.B. Menschen entfernen, die uns stressen oder dass wir Situationen meiden, die uns stressen), sondern dass wir lernen, egal was im Außen auch passieren mag - im Inneren gelassen und entspannt zu bleiben. Und selbiges gilt anfänglich auch für den Tinnitus: er ist nun mal so da, und das ist Fakt. Auf diesen Reiz habe ich jetzt im Moment keinen Einfluss, aber ich kann im Inneren trotzdem wählen, wie ich damit umgehe, wie ich darüber denke. Und genau das beeinflusst mein Fühlen, das beeinflusst meinen Körper und das wiederum beeinflusst mein Verhalten.

Und das gilt es hier immer wieder zu verdeutlichen, deshalb ziehe ich in diesem Buch auch oft kurze Wiederholungsschleifen:

Du musst erkennen, wo und wie du selbstwirksam sein kannst!

- Der zweite wesentliche Faktor liegt in deinem (bisher) gewohnten Stress*reaktion*. Über dein Stressverhalten und deinen Körper hast du selbst die Verantwortung. Das geht natürlich nur dann, wenn du auch die Haltung dazu entwickelst und bekräftigst: „ja, stimmt, ich bin für mich, für meinen Körper, für mein Stresslevel selbst verantwortlich und ich versuche ab jetzt das Stressausmaß und mein Stressverhalten sukzessive für mich besser zu managen!"

Stress bewusst und erfolgreich zu managen reduziert den Tinnitus. Der Tinnitus wird leiser, das wiederum stresst dich weniger und du wirst wieder viel entspannter. Und damit bewegst du dich wieder in Richtung gesunder Kompensation des Tinnitus. Machst du das Gegenteil davon und lässt den Stress ungefiltert dein Leben steuern, wirst du selbst gereizter, reagierst auch auf die Außenwelt gereizt und diese wird dir gegenüber auch wieder gestresst reagieren. Das hebt dein Stresslevel in die Höhe, der Druck wird stärker und plötzlich ist der Tinnitus wieder lauter. Und dann kommt der soziale Rückzug und die Negativ-Spirale beginnt aufs Neue.

Also noch einmal: wichtig ist, dass du erkennst, dass du vieles in der Tinnitus Heilung selbst in der Hand hast. Es gilt die Haltung einzunehmen: *„ja, ich habe Selbstwirksamkeit. Ich kann Einfluss nehmen mit den Methoden, die ich hier dir in diesem Buch lerne!"*

Du wirst sehen, dass du bald schnelle und effektive Möglichkeiten zur Verfügung hast, das Stresslevel zu dämpfen, entspannter, viel gelassener zu werden und dann auch gezielt die Tinnitus Wahrnehmung so zu reduzieren, dass du wirklich ganz gelassen und entspannt damit leben lernst. Und das ist die fundamentale Basis, dass dein Tinnitus wieder ganz verschwinden kann.

So, das war die Bergpredigt und das Ende dieses Kapitels. Ich bin sehr stolz auf dich, dass du bis jetzt durchgehalten hast und ich verspreche dir: jetzt wird es weniger theoretisch. Wir gehen jetzt schon langsam in Richtung Praxis. Und zwar mit dem nächsten Kapitel und der Fragestellung: wie tickt Tinnitus? Wir wollen den Tinnitus verstehen lernen, wissen wie er entsteht und wie er funktioniert. Bleib dran!

5. Wie Tinnitus entsteht

Herzlich willkommen zum meiner Meinung nach wichtigsten Kapitel in diesem Buch. Wenn du wirklich verstanden hast, wie Tinnitus zustande kommt, was ihn entstehen und vor allem auch lauter werden lässt, dann gewinnst du deutlich an Sicherheit und Zuversicht, weil du dich mehr und mehr in der Lage fühlst, Tinnitus auch bewältigen zu können. Zudem erkennst du auch jene Wirkmechanismen, die Tinnitus chronisch und damit zu einem nachhaltigen Problem werden lassen. Und wenn du diese beiden – also Entstehung und Chronifizierung des Tinnitus grundlegend verstanden hast, dann kannst du aus diesen Wirkmechanismen auch ganz klar ableiten, wie eine Heilung des Tinnitus wirklich erfolgreich geschehen kann.

Und das zeige ich dir jetzt Schritt für Schritt. Vielleicht noch einen Satz für all jene, die mehr Praktiker als Theoretiker sind, und schon ungeduldig auf die erste Übung warten: ich versuche das wesentliche Tinnitus-Wissen in diesem Buch so kurz, prägnant und bündig wie möglich zu vermitteln. Manchmal braucht es auch die eine oder andere Wiederholung, weil medizinisches Wissen doch meist von komplexer Natur ist.

Wenn du für dich das Gefühl hast, mit Kapitel 1, also der Einführung „Frei von Tinnitus“ alles Nötige über die Tinnitus Entstehung erfahren zu haben, kannst du gerne jetzt schon in den Praxisteil wechseln und mit den Übungen beginnen.

5.1. Wie akuter Tinnitus entsteht

Für „die besonders Gründlichen“ folgt eine Vertiefung in die Entstehung und die Wirkmechanismen des chronischen Tinnitus. Wir haben ja unterschieden, dass es einen akuten Tinnitus gibt (max. 0-3 Monate zurückliegend) und auch einen chronischen Tinnitus gibt. Mit folgender Abbildung möchte ich dir kurz darstellen, wie ein *akuter Tinnitus* verursacht wird.

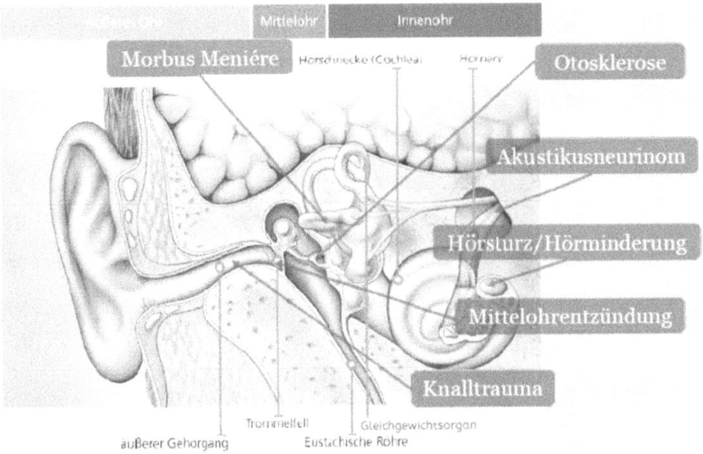

Quelle: Rimser (2022), Seite 96

Hier siehst du links den äußeren Teil des Ohrs, also die Hörmuschel, in der Mitte liegend das Mittelohr und im rechten Drittel des Bildes das Innenohr. Es gibt viele unterschiedliche Möglichkeiten an Erkrankungen oder Verletzungen, die einen akuten Tinnitus verursachen können. Der Klassiker dabei ist sicherlich

- die *Mittelohrentzündung*, also eine Entzündung am Trommelfell, die einen akuten Tinnitus auslösen kann. Aber auch eine
- *Autosklerose*, das ist eine Erkrankung des Steigbügels, also das Verbindungselements vom Mittelohr zum Innenohr, kann einen akuten Tinnitus auslösen. Natürlich können auch
- *Hörsturz* oder eine *Hörminderung* für akuten Tinnitus ursächlich sein. Das betrifft vor allem die Haarzellen in der Cochlea, in der Hörschnecke. Du kannst jedoch auch ein
- *Akustikusneurinom* haben, das ist eine Erkrankung am Hör-Nerv selbst, die einen akuten Tinnitus auslösen kann.
- *Erkrankungen des Gleichgewichtsorgans*, z.B. *Morbus Meniere* können für einen akuten Tinnitus verantwortlich sein, der mit Schwindel einhergeht. Und dann gibt es noch das
- klassische *Knalltrauma*, auch das kann eine Ursache für akuten Tinnitus sein.

Der „Vorteil“ bei akuten Tinnitus Symptomen ist, dass je schneller erkannt und je bekannter die Ursache der Tinnitus Störungen ist, umso einfacher kann man therapeutisch, medikamentös mit Infusionen (Cortison, Lidocain) oder diverser Medikamentengabe behandeln und dadurch auch den Tinnitus recht rasch wieder beseitigen.

5.2. Wie chronischer Tinnitus entsteht

Beim chronischen Tinnitus hingegen sprechen wir von einer länger anhaltenden Dauer (ab 6 Monaten) des Tinnitus, möglicherweise verursacht durch eines dieser Symptome, wir finden jedoch beim chronischen Tinnitus meist einen völlig anderen Verlauf in seiner Entstehung vor.

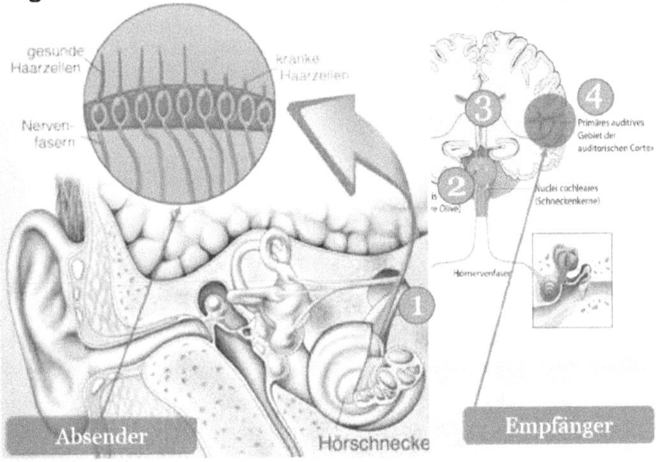

Quelle: Rimser (2022), Seite 99

Deshalb möchte ich hier noch einmal einen kurzen Blick auf das Innenohr lenken, in obiger Abbildung vergrößert dargestellt durch den runden Ausschnitt der Haarzellen. Dort wird die Information von außen, also den Schall, diesen *mechanischen Reiz*, der

- zuerst durch die *Ohrmuschel*,
- dann durch den *Gehörgang in Mittelohr* verstärkt und

- im *Innenohr* dann eben in diesen *Haarzellen* von einem mechanischen Reiz in einen *elektrischen Impuls* umgewandelt und
- dann über den *Hörnerv*, das ist dieser Punkt 1
- auf Punkt 2 zum *Stammhirn*,
- über Punkt 3, dem *limbischen System*,
- in Punkt 4, den *auditorischen Cortex* weitergeleitet.

Das heißt, wir sehen hier zwei Prozesse dargestellt, nämlich einerseits jenen

- der *Hör-Entstehung*, und andererseits aber auch jenen
- der *Tinnitus Entstehung.*

Anders formuliert: im linken Bereich der Abbildung, also im peripheren Organ, dem Ohr findet die Umwandlung vom mechanischen Hör-Reiz zum elektrischen Signal statt (= der Hörprozess), die tatsächliche Hör-Verarbeitung jedoch findet in der Hörbahn statt, also im Gehirn (über die Punkte 1, 2, 3 und 4).

Wenn du so möchtest, gibt es einen Absender und einen Empfänger der Botschaft. Unser Absender, der also den Reiz „verpackt“ und ins Gehirn weiterleitet, das ist die Haarzelle, das sind die Haarzellen. Und der Empfänger dieser Botschaft, das ist unser auditorischer Cortex, der knapp über dem Ohr im Schläfenlappen im Gehirn liegt.

Und dieser Absender (Haarzellen) schickt nun den verschlüsselten Reiz (also das was du gehört hast, z.B. eine Melodie oder eine Stimme) in Form eines elektrischen Impulses an das Gehirn und wird dort vom Empfänger empfangen. Du kannst dir das ungefähr so vorstellen: dort sitzt eine Abteilung von Mitarbeitern, die diesen verschlüsselten („verpackten“) Reiz dann entpacken und weiterverarbeiten. Sie beginnen den Reiz (zuerst Schallwellen, dann elektrischer Impuls) zu

- benennen („das ist ein Lied“, „das singt Michael Jackson“, „es heißt ‚Bad‘“, usw.)
- zu vergleichen („klingt live ganz anders als auf der CD“)
- natürlich auch zu bewerten („war sicher nicht seine beste Single“)
- und kognitiv zu verarbeiten („trotzdem werde ich mir die CD ins Auto legen, das Lied sorgt immer für gute Laune“), usw.

Genau das ist die Aufgabe des Empfängers, des auditorischen Cortex. Es lohnt sich aber, noch einen genaueren Blick auf den auditorischen Cortex zu werfen – denn genau dort finden wir sehr wesentliche Erkenntnisse für die Tinnitus Entstehung.

Wie oben bereits erwähnt, kannst du dir den auditorischen Cortex wie eine Firma bzw. eine Abteilung mit Mitarbeitern vorstellen. Im Gehirn (=Firma) gibt es unterschiedliche Areale (zB den auditorischen Cortex, =Abteilung) und in diesen gibt es Neuronen (=Mitarbeiter), besser gesagt neuronale Netzwerke (Teams, Projektgruppen). Ein Neuron ist eine Nervenzelle, die aus einem Zellkörper, in der Mitte einem Zellkern und außen aus Dendriten (sehen aus wie Äste eines Baums) besteht. Die Dendriten sind dafür verantwortlich, dass Nervenreize nach außen (an andere Nervenzellen) abgegeben werden können, vor allem aber sind sie auch dafür verantwortlich, dass Nervenimpulse von außen hereingeführt und verarbeitet werden können.

Wenn zwei Nervenzellen miteinander kommunizieren, dann tun sie das, indem sie elektrische Reize und biochemische Prozesse (Ausstoßen von sog. Neurotransmittern) nutzen, um die Informationen zu übertragen. Das geschieht in den Synapsen, die siehst du dort, wo die Blitzlichteffekte oder diese Feuerimpulse zu sehen sind. Wenn Neuronen-Felder „feuern", dann übertragen sie Informationen.

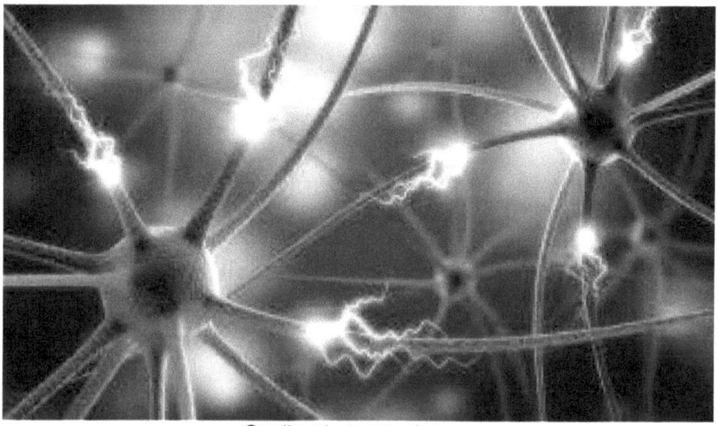

Quelle: shutterstock.com

In Wirklichkeit ist es nicht so, dass nur ein, zwei oder drei Nervenzellen miteinander kommunizieren, sondern es sind wahrliche Nervenmassen (neuronale Netzwerke) miteinander verbunden und teilweise haben diese Äste eine Länge von eineinhalb Metern. Es ist wahrlich eine hohe Komplexität, die in diesen neuronalen Prozessen abläuft, aber alles folgt einer klar strukturierten Ordnung. Und diese Ordnung heißt im

Gehirn interessanterweise Chaos! Diese organisierten und vernetzten Nervenzellen (neuronale Netzwerke), in unser Unternehmens-Metapher gesprochen die Abteilung und ihre Mitarbeiter, sind ständig am Arbeiten, egal ob es jetzt einen akustischen Reiz gibt oder eben Stille herrscht.

Diese Abteilung ist ständig besetzt und in Bereitschaft, Mitarbeiter sind ständig am Arbeiten, aber dieses Arbeiten läuft nicht synchron ab, sondern asynchron, das heißt, es wird einmal mehr und dann wieder weniger gearbeitet, manchmal gibt es Stillstand (Kaffeepausen), dann kommt wieder eine größere Arbeitslast, dann wieder weniger Auslastung, und dann wieder eine kurze Pause, usw. Also es entsteht ein durchaus chaotisches aber dennoch in sich geordnetes Chaos, das einen Verarbeitungsprozess simuliert. Und das kannst du dir ungefähr so vorstellen, wie wenn du auf einen See blickst, dir die Wasseroberfläche anschaust und siehst, dass sie immer leicht bewegt ist, du allerdings in dieser Bewegung kein symptomatisches Muster vorfindest. Es ist ein chaotisches Muster, aber wichtig: es ist auch ein harmonisches Muster.

Wer steuert nun dieses chaotische, aber harmonische Chaos? Es sind deine Haarzellen, die den Anstoß dazu geben. Gesunde Haarzellen kannst du dir wie die Tastatur eines Klaviers vorstellen: jede einzelne Haarzelle steht für einen bestimmten Frequenzbereich und gibt genau diesen Frequenzbereich als Ton, besser gesagt als Informationen weiter.

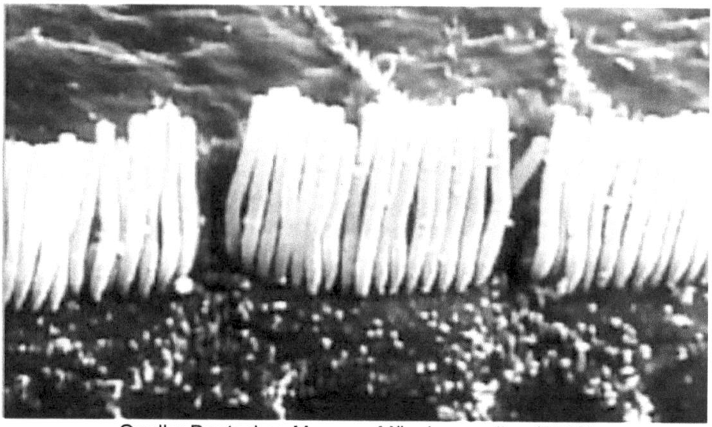
Quelle: Deutsches Museum München, online (2008)

Gesunde Haarzellen lösen im auditorischen Cortex, also in der Hörverarbeitung, genau dieses chaotische Grundmuster aus, das heißt die Nervenzellen feuern in keinem nachweisbaren oder gleichen Muster, aber in dieser chaotischen Ordnung herrscht Harmonie. Was passiert jedoch, wenn bestimmte Haarzellen kaputt sind und oder Informationen nicht weiterleiten?

Dann passiert Folgendes: es entsteht ein synchrones Muster, das heißt, diese Nervenzellen beginnen plötzlich in einem Takt zu feuern, aber nicht so wie vorher chaotisch in einer Harmonie, sondern plötzlich in einer Disharmonie, dysfunktional, wie nach einem Taktschlag. Auf unserer ruhigen, chaotisch harmonischen Seeoberfläche fährt plötzlich ein Achter- Ruderboot entlang, zieht eine Furche und erzeugt durch die Einschläge der Ruder dann ein strukturiertes Muster. Das sind diese Taktungen, das heißt das Gehirn beginnt plötzlich nach einem völlig unbekannten disharmonischen Muster wie ein Maschinengewehr zu feuern.

Viele Forscher meinen, dass das auch vergleichbar ist, wie wenn man sagen würde, diese Nervenzellen im auditorischen Cortex beginnen plötzlich völlig unstrukturiert Selbstgespräche zu führen. Und auch dieses Phänomen kennen wir interessanterweise von Unternehmen (besonders in Krisenzeiten): nehmen wir an, ein Unternehmen funktioniert prächtig, das Unternehmen ist erfolgreich, die Abteilungen sind gut aufgestellt, jeder hat seinen Job und arbeitet, es ist alles eitel Wonne. Plötzlich entsteht ein Gerücht, dass es der Firma nicht mehr so gut geht - die Aufträge werden immer weniger, möglicherweise sollen Stellen abgebaut werden und genau in diesem Moment ist in Unternehmen Folgendes zu beobachten: es gibt zwar weniger Aufträge, das heißt, nach den Auftragsbüchern hätten die Abteilungen und deren Mitarbeiter viel weniger zu arbeiten, aber auf einmal entsteht ein völlig entgegengesetztes Muster.

Plötzlich sagt jeder, er hätte viel zu tun, er ist überfordert, interessanterweise beginnen viele Mitarbeiter plötzlich Tätigkeiten zu vollbringen, nur um zu zeigen, dass sie ausgelastet sind und eben dringend gebraucht werden. Sie beginnen also völlig hysterisch, unsystematisch Arbeiten zu erledigen, um eben aus Unsicherheit Aktivitäten zu setzen, damit niemand auf die Idee kommen kann, dass sie nicht mehr gebraucht und deshalb entlassen werden sollten.

Ähnliches passiert nun beim Tinnitus: der auditorische Kortex ist völlig irritiert, dass von bestimmten Haarzellen keine Information mehr kommt und beginnt dann aufgrund dieses Informationslecks völlig eigeninitiativ, aber dysfunktional, die neuronale Aktivität in die Höhe zu fahren. Das Erregungslevel wird erhöht und erzeugt im Gehirn eine Art Rückkopplung – ähnlich wie wenn man mit einem Mikrofon vor dem Lautsprecher steht und die Sensibilität des Mikrofons erhöht – es entsteht ein Pfeifen und das ist dein Tinnitus (-geräusch).

Das heißt, die neuronalen Felder deines auditorischen Cortex beginnen in Eigenregie die fehlenden (Frequenz-)Informationen zu kompensieren und erzeugen eine (Frequenz-) Wahrnehmung, die aber eine Wahrnehmungsstörung ist, weil

- *gar kein externer (Frequenz-)Reiz vorhanden ist, und zudem*
- *das ursprünglich natürliche, harmonische Chaos durch ein hoch getaktetes, unharmonisches „Stör"-Feuer der Neuronen ersetzt wurde.*

Beides ist nicht heilsam und erzeugt Stress in deinem Gehirn. Und dieses Phänomen möchte ich dir anhand eines Querschnitts des Gehirns zeigen. Seit wir bildgebende Verfahren in den Neurowissenschaften verwenden, sehen wir beim chronischen Tinnitus Patienten sehr deutlich, was im Gehirn passiert, wenn diese „Stör"-Feuer aktiv sind.

Diesen Prozess des „eigeninitiativ tätig werden" des auditorischen Cortex, diese Anpassung an eine nicht eindringende Information von außen, nennt man Neuroplastizität. Das ist an und für sich eine gute Eigenschaft des Gehirns, weil es Lernen bedeutet. Im Fall des Tinnitus sprechen wir jedoch von einer Fehlanpassung, weil sie dysfunktional abläuft und die

Grundharmonie im Gehirn durch ein ganz taktiles, stakkatoartiges Feuern von Nervenzellen ersetzt.

Die bildgebenden Verfahren der Neurowissenschaften belegen, dass die Aussagen von HNO-Ärzten,

- *nämlich, dass Tinnitus unheilbar ist, und*
- *du dich daran gewöhnen musst*

so nicht mehr haltbar sind. Diese Aussagen sind für viele Patienten am Anfang sehr verstörend und auch demotivierend. Es ist nicht so, dass man sich damit abfinden muss. Was durchaus stimmt ist, dass man sich daran gewöhnen kann, aber dieses Gewöhnen ist ein Lernprozess des Gehirns, der bei richtiger Anwendung auch dazu führen kann und soll, dass der Tinnitus wieder verschwindet. Um es richtig machen zu können, muss ich jedoch wissen, welche Gehirnareale an der Entstehung des Tinnitus beteiligt sind, weil ich genau dort dann gegensteuern kann.

Was passiert also beim Tinnitus? Welche Areale sind beteiligt?

Ganz klar, der auditorische Cortex, der wird erregt – das ist auch im Kernspin-Tomographen sehr gut ersichtlich. Was wir aber auch sehen ist, dass mit der Erregung im auditorischen Cortex auch das Aufmerksamkeitsnetzwerk angeregt und stimuliert wird, es schaltet sich dazu. Das heißt, also ich habe nicht nur eine Erregung im auditorischen Cortex, sondern etwas in meinem Gehirn sagt: „okay, da werde ich die Aufmerksamkeitsscheinwerfer näher darauf richten und etwas gezielter hinhören, intensiver hin spüren und genauer hinschauen.

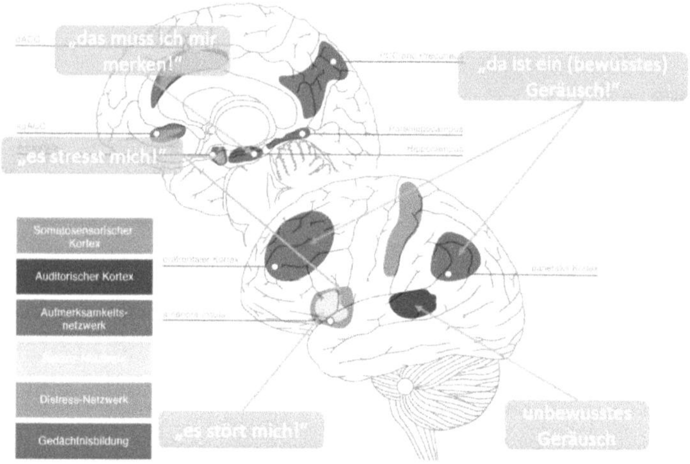

Quelle: Rimser (2022), Seite 5

Gleichzeitig passiert aber Folgendes: es meldet sich das Salienz-Netzwerk (und das ist eine sehr intelligente Abteilung im Gehirn), das versucht nämlich aus den verschiedensten eindringenden Reizen, die unser Gehirn erregen, herauszufinden, welche dieser Reize besonders Lust-bringend oder möglicherweise unser Überleben gefährdend sind. Das Salienz- Netzwerk hat die Eigenheit, dass es bestimmte Reize (vor-)auswählt und sie der Aufmerksamkeit bevorzugt präsentiert. Diese Reize (Informationen) werden dann häufiger und deutlicher gezeigt, damit werden sie in der Wahrnehmung viel präsenter.

Gleichzeitig schaltet sich das Distress-Netzwerk ein, und das ist klar warum: wenn das Aufmerksamkeitszentrum etwas stärker betrachtet, weil das Salienz-Netzwerk sagt: „hey, das musst du dir genauer anschauen, das könnte gefährlich sein!", dann muss das Gehirn einen Schutzreflex aktivieren. Es wird ein Neurococktail aus Cortisol, Adrenalin und Noradrenalin produziert und das Nervensystem in das klassische *„fight or flight"* Muster gebracht. Und dann macht unser Gehirn noch etwas sehr Geniales, es sorgt nämlich dafür, dass dieses erkannte Gefahrenpotenzial auch für künftige Bedrohungen gespeichert wird, so kann dann entsprechend schnell und nachhaltig im Ernstfall reagiert werden. Diese Speicherung findet im Hippocampus statt, der ein emotionaler Gedächtnisspeicher unseres Gehirns ist.

Ich hoffe, dass jetzt deutlich und klar wird, warum der Tinnitus nicht nur das Ohr betrifft, also das äußere periphere Hörorgan, sondern den gesamten Hör-Verarbeitungsprozess im Gehirn, die gesamte Hörbahn. Ich versuche es noch einmal in anderen Worten zu sagen, weil es mir so wichtig ist, dass du das verstehst: wenn ein Ohrgeräusch entsteht, dann haben wir ein unbewusstes Erregungspotenzial im auditorischen Cortex. Das heißt, da beginnt eine Abteilung zu arbeiten, damit ist aber noch nichts passiert. In dem Moment, wo sich aber jetzt das Aufmerksamkeitsnetzwerk dazu schaltet, wird aus dem unbewussten Geräusch ein bewusstes, und eine andere Abteilung in deinem Gehirn sagt: „ah, da ist ein bewusstes Geräusch". Und jetzt kommt das Salienz-Netzwerk dazu und sagt: „das stört mich aber!" und dieses Stören aktiviert das Distress-Netzwerk. Und „weil es mich stört, beginnt es mich zu stressen!", also muss etwas Gefährliches dahinter liegen und ich muss schauen, dass ich den Organismus schütze, und so stößt es eine Stressreaktion an.

Und dann kommt noch die Region um den Hippocampus dazu, die sagt: „das muss ich mir merken, das könnte gefährlich sein!" und merkt sich diesen Reiz, um den Organismus künftig vor dem Tinnitus schützen zu können. **Und somit entsteht ein Stress- und Tinnitus-Teufelskreislauf.**

5.3. Der Tinnitus Teufelskreis

Der Tinnitus Teufelskreis schaut aus wie folgt: ich fokussiere mich auf den Tinnitus, weil ich nicht weiß wie man damit umgeht. Aus der Ungewissheit und der Unsicherheit heraus entsteht eine Bewertung – der Tinnitus wird als störend und weil nicht änderbar als gefährlich für das Überleben eingestuft. Aus dieser Bewertung muss zwangsläufig das limbische System eine Stressreaktion starten, es gilt das Überleben zu sichern. Ein Nebenprodukt der Stressreaktion sind starke Emotionen, im besten Fall Wut, später folgen jedoch Angst und später Hilflosigkeit. Das führt dazu, dass – gerade wegen der heftigen Emotion - Tinnitus in meinem Gedächtnis als wichtiger Reiz codiert wird und wichtige Reize müssen natürlich ständig beobachtet und kontrolliert werden. Deshalb kommt es zu einer verstärkten Fokussierung auf den Tinnitus und das führt dazu, dass die Beeinträchtigung ebenso verstärkt wird.

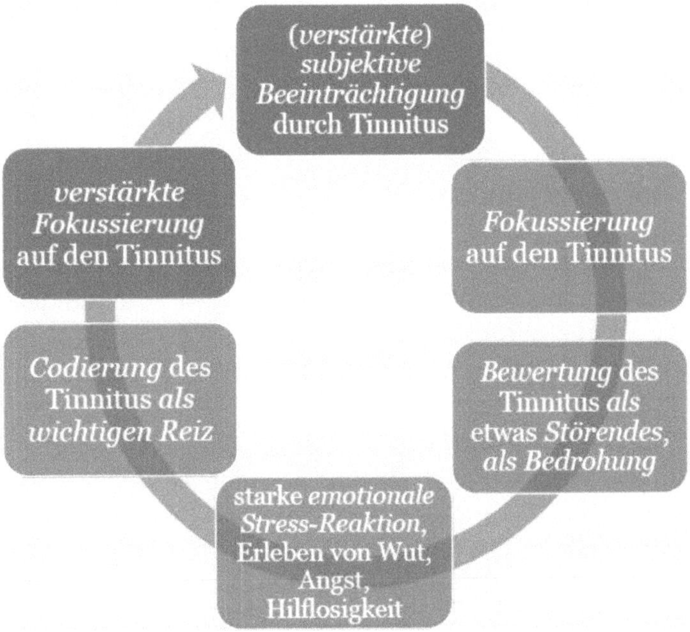

Quelle: Rimser (2022), Seite 103

Und hier ist wichtig zu betonen: es kommt zu einer *subjektiven* Beeinträchtigung durch den Tinnitus, das heißt, (nur) du erlebst den Tinnitus jetzt als gefährdend und belastend – der Grund liegt in deiner persönlichen Fokussierung, Bewertung und (Stress-)Reaktion darauf!

Eine starke Tinnitus Belastung ist „hausgemacht“, du kannst dir diese Prozessstufen wie einen Dominoeffekt vorstellen: in dem Moment, wo ein Dominostein umfällt, fliegt der andere um und der nächste, und der nächste und das treibt dich in einen Teufelskreis, je länger er dauert, umso chronischer, umso schlechter kommst du auch wieder heraus. Und unsere gemeinsame

Aufgabe ist es jetzt, genau in den einzelnen Prozesspunkten - in diesen Verknüpfungen von einem Dominostein zum nächsten - anzusetzen und wenn du einen Dominostein rechtzeitig rausziehst, dann fällt diese Kaskade nicht weiter um, weil die Reize nicht mehr übertragen werden.

So unterbrechen wir den Teufelskreis an den wichtigen essentiellen Punkten und wie das geht, das zeige ich dir im nächsten Kapitel. Aus dem Teufelskreis soll ein Heilkreis werden und dieser Heilkreis ist die Basis für das *Mindfulness Based Tinnitus Reduction Training* (MBTR). Ich hoffe, dir ist jetzt richtig klar geworden: in dem Moment, wo du diesen Tinnitus Teufelskreis verstanden hast, wird dein Tinnitus bewältigbar, weil du verstehst, in welchen Mechanismen er wirkt, wie er abläuft, welche Stufen er durchläuft und in dem Moment, wo du diese, für Prozessstufen verantwortlichen Areale im Gehirn mit ganz gezielten Methoden bewusst beeinflussen kannst, fällt dieser Teufelskreis auseinander und löst im Gehirn keine Stress-Reaktion mehr aus. Und das führt zwangsläufig dazu, dass dein Tinnitus leiser wird, leiser wird, leiser wird und im besten Fall sogar verschwindet.

5.4. Der Tinnitus Heilungskreis

Ich hoffe, dass es mittlerweile so richtig spannend für dich geworden ist. Wir haben uns im letzten Kapitel die neuesten Erkenntnisse aus der Hirnforschung angesehen und wollten herausfinden, wo im Gehirn, in welchen Arealen die Tinnitus Entstehung stattfindet. Wir wissen jetzt ganz genau, wo wir ansetzen müssen,

wenn wir den Tinnitus heilen möchten. Was wir jedoch noch nicht genau wissen ist, wie wir dort ansetzen.
Ich zeige dir - vielleicht nochmal als kurze Wiederholung - wie dieses Tinnitus Geschehen überhaupt im Körper, im Gehirn entsteht:

Quelle: Rimser (2022), Seite 107

Wir haben ein Ohrgeräusch, das sorgt im auditorischen Cortex für eine Erregung. Ist die Erregung übermäßig hoch, dann schaltet sich das Aufmerksamkeitszentrum an und richtet die Aufmerksamkeit auf diese Erregung, auf das Ohrgeräusch. Im Anschluss schaltet sich das Salienz-Netzwerk ein und trifft eine erste Bewertung: ist dieser Reiz dieses Ohrgeräusch für mich eine Bedrohung, dann löst es eine Stressreaktion aus, es stimuliert das limbische System, die Amygdala (den Mandelkern) und dieser Mandelkern schüttet ein Hormon aus, das Adrenocorticotrophe Hormon (ACTH). ACTH lässt die Nebennierenrinden Adrenalin und Cortisol produzieren. Und das führt dazu, dass dein Nervensystem, der Parasympathikus runterfährt, und der Sympathikus, also dein antreibendes Nervensystem, in die

Höhe fährt. So entsteht ein Tinnitus-bezogenes Stressmuster.

Und damit wir auf diesen Reiz (das Ohrgeräusch), der als so bedrohlich wahrgenommen wird, auch nachhaltiger reagieren können, findet eine Gedächtnisbildung im Hippocampus statt. Wir machen aus dem Stressmuster ein chronisches Stressmuster und das erzeugt einen Rebound-Effekt: dein Stresssystem bekommt jetzt nicht nur die Information über einen stressigen Tinnitus, sondern auch die Information, dass das komplette Nervensystem in Alarmbereitschaft ist, was das limbische System wieder in eine Stressreaktion bringt. Und das führt dazu, dass das Salienz-Netzwerk jetzt sagt: „okay ich habe nicht nur den Tinnitus, den ich jetzt verstärkt beobachten muss, sondern auch ein chronisches Stressmuster."

Das führt dazu, dass unser Aufmerksamkeitsnetzwerk sagt: „okay, ich muss jetzt nicht nur den Tinnitus beobachten, sondern auch das Stressverhalten an sich, die Unruhe im Körper" und das führt dann dazu, dass das Erregungsniveau im auditorischen Cortex weiter steigt und damit wird auch dein Ohrgeräusch wieder lauter.

Und gleichzeitig haben wir auch die Auswirkung über diverse Komorbiditäten, die durch diese chronischen Stressmuster entstehen, also Schlafstörungen, Depressionen, Gewichtsprobleme, auch Verspannungen im Nacken- und Halsbereich, im Kieferbereich und die wirken zusätzlich triggernd auf unseren Cortex, aber jetzt nicht nur auf den auditorischen Cortex, sondern auch auf den somatoformen Cortex.

Damit haben wir dann *nicht nur ein Problem*, nämlich den Tinnitus, *sondern schon zwei*, nämlich dass ich mich über den Tinnitus ärgere, weil ich ihn nicht bewältigen kann. Und dann folgt ein *drittes Problem*, es kommt zu einer chronischen Anspannung des Nervensystems, weil dein Nervensystem eben nicht für eine dauerhafte Ansteuerung ausgerichtet ist.

Wenn wir jetzt genauer hinschauen und uns die Frage stellen, wo wir hier denn entspannend ansetzen könnten bzw. wo wir überhaupt einen Einfluss haben könnten, dann müssen wir klipp und klar sagen: bis zum Erregungsniveau haben wir keinerlei Einflussmöglichkeit. Denn wenn das Ohrgeräusch auftaucht, ist es da und wenn es da ist, kann ich es auch nicht mehr rückgängig machen. Das heißt, in dem Moment, wo ich es wahrnehme, habe ich keinen Einfluss mehr, ich kann es auch nicht mehr rückgängig machen. Wo ich aber sehr wohl einen Gestaltungsbereich finde, das ist die Kaskade, die dann danach folgt.

6. Tinnitus Heilung

6.1. Achtsamkeitstraining

Ich kann nämlich sehr wohl meine Aufmerksamkeit lenken lernen - etwas, das man mit Achtsamkeitstraining erfahren kann. Achtsamkeitstraining ist eine Disziplin, die gerade in den buddhistischen und yogischen Traditionen mehr als zweieinhalb oder 3000 Jahre alt ist und dort unter dem Begriff „Meditation" bekannt ist. Bei Meditation steht im Zentrum, den Geist so zu trainieren, dass ich die Aufmerksamkeit jederzeit dorthin lenken kann - und zwar willkürlich und bewusst - wohin ich möchte, dass die Aufmerksamkeit geht.

Beim untrainierten Tinnitus Betroffenen ist es noch umgekehrt: der Tinnitus ist so penetrant, dass er die Aufmerksamkeit auf sich zieht und damit dauerhaft ablenkt. Das heißt, wenn wir ein Achtsamkeitstraining diszipliniert durchführen, dann schaffen wir es mehr und mehr, dass der Tinnitus im wahrsten Sinne des Wortes ein Aufmerksamkeitsdefizitsyndrom bekommt. Das wäre natürlich unser höchstes Ziel, weil wenn der Fokus vom Tinnitus weggeht, kann ich mich wieder auf andere, auf schöne Dinge fokussieren und das Leben macht automatisch wieder mehr Spaß.

Übungen aus dem Achtsamkeitstraining zählen zu den effektivsten Tinnitus Linderungsmethoden und diese solltest du in jedem Fall in deine Alltagsroutine einbauen. Ich zeige dir im nächsten Kapitel viele einfache, aber hochwirksame Achtsamkeitsmethoden zur Linderung deines Tinnitus.

Wir können aber auch eine Ebene weiter unten ansetzen, nämlich dort, wo das Salienz-Netzwerk seine Bewertungen anstellt.

6.2. Kognitives Umdeuten

Mit dem Salienz-Netzwerk haben wir ein Bewertungssystem, das auf den Tinnitus negativ reagiert. Es sagt uns, dass die Ohrgeräusche bedrohlich und störend sind. Aber auch hier müssen wir nicht zwangsläufig allem folgen, was uns das Gehirn so vorschlägt. Wir können jederzeit in diesem Prozessschritt unseren Neo-Cortex, die Großhirnrinde, dazu schalten und eine bewusste Neubewertung der Ohrgeräusche durchführen. Einer der hellsten Köpfe unserer Menschheitsgeschichte, Albert Einstein, war ein begeisterter Befürworter vom *„out oft the box-thinking*". Er sagte: „wenn du ein Problem lösen möchtest, dann gelingt dir das nicht auf jener Ebene, auf der das Problem entstanden ist, sondern du musst die Perspektive wechseln, erst dann hast du die Möglichkeit, dass du das Problem besser lösen kannst."

Und genau das machen wir mit einer Technik aus der kognitiven Verhaltenstherapie, dem kognitiven Umdeuten. Kognitives Umdeuten hilft uns, den Tinnitus in einem völlig neuen Licht erscheinen zu lassen, ihn völlig neu und anders und vor allem heilsam zu bewerten. Achtsamkeitstraining und kognitive Umdeutung sind Methoden, die relativ leicht zu erlernen sind. Beide

Methoden zu erlernen ist reine Übungssache - ähnlich, wie wenn du deinen Muskel trainierst. Es ist ja auch nicht so, dass du einmal ins Fitnessstudio gehst und dreimal eine Hantel bewegst und dann einen entsprechenden Bizeps hast, sondern du musst kontinuierlich üben.

Und mit diesen beiden Methoden haben wir sehr, sehr leichte Einflussmöglichkeiten auf unser Tinnitus Geräusch. Und das wird dir schon sehr viel dabei helfen, dass der Tinnitus im ersten Schritt einmal leiser wird.
Wo wir deutlich weniger bewussten Einfluss haben, das sind die nächsten beiden Ebenen: du kannst dir sicher vorstellen, dass dein Stresssystem relativ autark reagiert. Das muss es auch, weil wenn du mit dem Verstand überlegen müsstest, ob ein Reiz für dich gefährlich oder nicht gefährlich ist, wäre dein Organismus wahrscheinlich nicht überlebensfähig, weil du viel zu lange brauchen würdest, um auf Gefahren überhaupt reagieren zu können. Das heißt, unser Stresssystem reagiert in Bruchteilen von Sekunden blitzschnell und es lernt auch aus diesen Reaktionen und legt sich eine Art Speicher an, um möglichst rasch in ähnlichen Situationen reagieren zu können.

Und um diese Stressreaktionsmuster zu brechen, braucht es das sogenannte Amygdala Retraining oder Amygdala Reset Training.

6.3. Das Amygdala Retraining

Die Amygdala (zu Deutsch: Mandelkern) ist ein Teilbereich des limbischen Systems. Der Mandelkern ist

unser Security Posten und diese Security ist darauf trainiert, unsere (Über-)Leben zu sichern. Wenn die Amygdala gelernt hat, den Tinnitus als bedrohlich einzustufen, beginnt sie vollkommen automatisiert gegen den Tinnitus zu arbeiten, sich zu schützen und löst dabei permanent eine Stressreaktion aus.
Wenn wir die Amygdala besänftigen wollen, dann müssen wir sie zurück trainieren. Das heißt wir müssen ihr lernen, den Reiz, der durch das Ohrgeräusch, den Tinnitus, zustande gekommen ist, nicht mehr als bedrohlich wahrzunehmen. Und das braucht eine spezielle Technik, die etwas komplexer ist, weshalb ich sie dir in diesem Buch nur auszugsweise anführen kann. Du findest jedoch den gesamten Ablauf des Amygdala Retraining sowie alle Übungen aus dem *Mindfulness Based Tinnitus Reduction Training* im dazugehörigen Videokurs auf meiner Webseite.
Ist das Amygdala Retraining erst einmal gut eintrainiert, wirst du sehen, dass du damit sehr schnelle und sehr tiefgreifende Veränderungen in deinem Nervensystem, vor allem aber in deiner Tinnitus Wahrnehmung spüren wirst.

6.4. Das Vagusnerv-Training

Die 3 bisher dargestellten Säulen und Methoden des *Mindfulness Based Tinnitus Reduction Training* (MBTR) Achtsamkeitstraining, kognitive Umdeutung und das Amygdala Reset Training müssen gut eingelernt werden. Lernen setzt jedoch immer einen fokussierten, aber entspannten Zustand des Gehirns voraus. Leider ist das bei den meisten chronischen Tinnitus Betroffenen nicht so – sie sind verspannt, fühlen sich meist ohnmächtig und haben zum Teil schon resigniert. Das Gehirn ist also alles andere als *„ready to learn“*. Genau aus diesem Grund ist es wichtig, das Nervensystem schnell in einen entspannten, wieder lernbereiten und vor allem hochkonzentrierten Zustand zu versetzen. Und genau das machen wir mit dem Vagusnerv-Training.

Auf dieser nächsten Ebene setzen wir noch eine Spur tiefer in unserem Gehirn an – im Stammhirn. Wir haben ja in der Herleitung der Tinnitus Entstehung gelernt, dass unser Körper, unser Nervensystem, wenn es permanent unter Stress steht, mehr oder minder auf einen autonomen Stressmodus schaltet und in ein chronisches Stressmuster geht. Im Nervensystem finden wir einen Spieler und einen Gegenspieler vor, so ähnlich wie bei der Muskulatur, wo wir z.B. heben und senken können. Wir haben also einen Protagonisten und einen Antagonisten. Im Nervensystem sind das der anspannende, aktivierende Sympathikus und der abschwächende, entspannende Parasympathikus.

Und diesem Mechanismus müssen wir, wenn wir unter chronischer Anspannung stehen, beibringen, sich wieder chronisch zu entspannen. Wie machen wir das? Wir nutzen dabei eine sehr interessante Technik der Navy Seals (Spezialeinheit der US-Marines) und ich weiß auch, dass viele Spezialeinheiten bei Militär und Exekutive dieses spezielle Parasympathikus Training nutzen, um ihre Mitarbeiter auf äußerst belastende und stressige Extremsituationen vorzubereiten. Wenn du heute z.B. in einem Sondereinsatzkommando bei der Polizei bist und eine Geiselnahme stürmen musst, dann kannst du es dir nicht leisten, nervös und ängstlich zu sein, weil genau dieses Stressverhalten deine Handlungsfähigkeit stark beeinträchtigen würde. Gerade aber in Extremsituationen brauchst du Weitblick, du brauchst eine sehr weit eingestellte und achtsame Wahrnehmung der äußeren Reize und dann einen sehr abgeklärten Verstand, der dich die richtigen Handlungen im richtigen Moment tun lässt. Und genau das Erzielen diese Einsatztruppen durch das Training des Parasympathikus, weshalb ich es auch dir in Form von Übungen im nächsten Kapitel an die Hand geben möchte.

6.5. Zusammenfassung

Diese vier Übungsmethoden zusammen sind die Basis für ein erfolgreiches und vor allem nachhaltiges Tinnitus Retraining. Je mehr du diese Übungen in dein Verhalten integrierst, umso besser kannst du auch im Alltag deine Tinnitus Belastung steuern bzw. wirst du merken, wenn deine Tinnitus Entstehungskaskade zu laufen beginnt, und du wirst dann sofort und vor allem richtig reagieren können. Deshalb ist es wichtig, genau diese Inhalte immer im Kopf zu haben, weil sie dir helfen, ganz bewusst und willkürlich gesteuert, die Tinnitus Belastung so abzuändern, dass du glücklich und gelassen bleibst. *Mindfulness Based Tinnitus Reduction* funktioniert auf vier Ebenen, die habe ich dir vorher schon dargestellt. Noch einmal zur Wiederholung: wir nutzen das Achtsamkeitstraining, um die Aufmerksamkeit neu auszurichten, und zwar weg vom Unheilsamen, Belastenden, hin zum Heilsamen, zu dem, was dir guttut.

Das ist ein ganz einfaches Training, aber mit einer massiven Wirkung am Ende, die du relativ rasch spüren wirst. Ein trainierter Geist ist immer klar, er ist immer weit, ist immer positiv gestimmt, ist immer offen, während ein untrainierter Geist immer unklar ist, meistens emotional verfärbt, meistens im negativen Denken und das überfordert auf Dauer und brennt dich aus. Deshalb lernen wir im ersten Schritt, den Geist neu zu lenken und die Aufmerksamkeit dorthin zu richten, wo wir sie brauchen, nämlich auf das Heilsame des Tinnitus. Dann üben wir kognitive Umdeutung. Das ist die zweite Methode, das bedeutet von einem negativen Denken zu einem positiven Tinnitus Mindset zu wechseln. Dazu gehört auch, dass du umdenkst und nicht mehr von Ärzten und Therapeuten im Außen Heilung erwartest, sondern ganz klar und bewusst sagst: **„Okay, ab jetzt übernehme ich die Verantwortung für meinen Heilungsprozess!“**

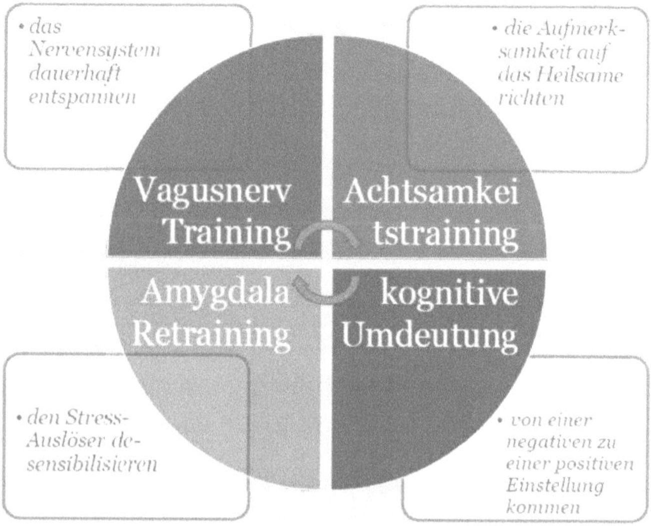

Quelle: Rimser (2022), Seite 69

Die dritte Methode, die ich dir in diesem Kapitel ans Herz gelegt habe ist das Amygdala Retraining, das heißt wir trainieren die Amygdala sukzessive dahingehend zurück, dass sie auf den Tinnitus nicht mehr bedrohlich und mit dem klassischen *fight or flight* Modus reagiert, sondern dass sie den Stressauslöser desensibilisiert und ihm künftig absolut gelassen gegenübersteht.

Und im vierten Schritt nutzen wir den Parasympathikus, der uns dabei hilft, dauerhaft und selbstgesteuert das Nervensystem entspannen zu können.

Damit hast du den Schlüssel für deine Tinnitus Heilung selbst in der Hand und wirst dich damit nicht nur vom Tinnitus befreien, sondern gleichzeitig auch gelassener und entspannter im Geist und klarer in deinen Handlungen werden. Du kommst wieder in einen Modus von Bewältigungsfähigkeit, Selbstwirksamkeit und kriegst das befreiende Gefühl, dass du dich selbst und dein Leben wieder aktiv steuern kannst. Ich wünsche dir mit den ausgewählten Übungen aus dem *Mindfulness Based Tinnitus Reduction Training* (MBTR) im folgenden Kapitel viel Erfolg – denke daran: **nur Übung macht den Meister!**

7. Tinnitus Übungen

7.1. Achtsamkeitstraining

7.1.1. Übung 1: Aktives Hören beim Einschlafen

Dauer: ca. 15 Minuten

Ziel: die Aufmerksamkeit vom Tinnitus ablenken und auf besseres Einschlafen hinlenken

Übung: *Wenn dich dein Tinnitus nicht einschlafen lässt, dann biete deiner Aufmerksamkeit eine oder mehrere entspannende Alternativen an. Du kannst z.B. zum Einschlafen*

- *Beruhigende Musik oder Naturgeräusche als Hintergrundmusik auswählen.*
- *Lasse die Musik aber nicht nur einfach so dahinplätschern, sondern beginne dich darauf zu konzentrieren:*
- *Höre bestimmte immer wiederkehrende Töne aus dem Gehörten heraus*
- *Wechsle die verschiedenen Tonspuren, also z.B. höre nur auf die Gitarre, oder filtere nur die Stimme aus der Geräuschkulisse heraus*
- *Oder bei einem Hörbuch: höre einmal nur auf die Pausen zwischen den Worten*

Diese besondere Fokussierung (Konzentration) macht dich abends meist müder, was das Einschlafen an sich schon erleichtert, zudem hast du durch die Fokussierung deiner Aufmerksamkeit deinem Gehirn gelernt, dass es zum Fokus auf das Ohrgeräusch auch eine Wahlmöglichkeit gibt: nämlich achtsam das zu hören, was für dich jetzt heilsam ist.

Du wirst für diese Übung etwas Geduld brauchen, bis sie Früchte trägt, ich kann dir aber versprechen, wenn du sie 3 Wochen lang jeden Abend vor dem Einschlafen übst, wirst du Erstaunliches in deiner Tinnitus Wahrnehmung feststellen.

7.1.2. Übung 2: Achtsamkeit auf die Atmung

Dauer: ca. 15 Minuten

Ziel: Beruhigung von Gedanken und Gefühlen, Konzentration

Übung: *Setze dich oder lege dich bequem hin. Wenn du bei längerem Liegen zum Einschlafen neigst, bleibe beim Sitzen.*

Entscheide dich jetzt ganz bewusst dafür, die Außenwelt zunehmend sein zu lassen und dich auf dein Innenleben zu fokussieren. Richte dafür deine Konzentration auf die Atmung.

- *Wo spürst du das Ein- und Ausströmen des Atmens am deutlichsten?*
- *An der Nase? Im Brustbereich? Im Bauch?*

Lasse deine Aufmerksamkeit jetzt genau dort zur Ruhe kommen, wo du die Atmung am deutlichsten spüren kannst. Spüre das Ein- und Ausströmen des Atems –

wenn du es im Bauch am besten spürst, dann sei dir des Hebens und Senkens des Bauchs beim Atmen bewusst.

Es gibt jetzt nichts zu tun, außer still zu sitzen (zu liegen) und das Ein- und Ausströmen des Atmens zu fühlen. Folge dem Aufkommen und Abfließen des Atems als ob du den Rhythmus des Meeresrauschens wahrnehmen würdest: ein – Pause – aus – Pause – und wieder ein …

Du kannst zur Verstärkung des Spürens deiner Atemempfindungen auch gerne eine Hand auf Brust oder Bauch legen, um so noch deutlicher im Spüren deiner Atmung zu verweilen.

Es braucht dazu keine Anstrengung – es braucht dich nicht dafür zu atmen, die Atmung fließt ganz von alleine, ohne dein Zutun sanft ein und wieder aus.

Nimm jeden Atemzug ganz bewusst wahr. Wann macht die Atmung eine Pause? Wie tief geht der tiefste Atemzug? Wie breit breitet sich das Einatmen in deinem Bauchraum aus?

Finde mit jedem Atemzug immer tiefer in dein Innerstes. Spüre immer mehr die Entspannung, die sich dadurch in deinem Körper ausbreitet. Wenn Gedanken aufkommen, nimm sie als solche wahr, lass sie wieder los und kehre zurück zum Spüren deiner Atmung – dort wo du sie am besten spürst. Genieße die Ruhe, die der Rhythmus deines Atmens ausstrahlt.

Das Grundprinzip dieser Übung ist sehr einfach: du bringst zuerst den Körper zur Ruhe. Ist dein Körper ruhig, wird auch deine Atmung ruhig. Wenn du jetzt deinen Geist auf die Atmung richtest, dann wird allmählich dein Geist auch ruhig. Denn der Geist beginnt immer dem zu ähneln, mit dem er sich beschäftigt.

Beschäftigt sich dein Geist mit der Penetranz des Tinnitus und seinen nervigen Auswirkungen, dann wird auch dein Geist unruhig und genervt, was wiederum dazu führt, dass ein unruhiger und genervter Geist eben genau das auch im Außen wahrnehmen wird: Probleme, Störfaktoren und Unruhe.

Also lerne deinen Geist durch Achtsamkeit auf Heilsames zu lenken, das beruhigt nicht nur dein Nervensystem, sondern auch deinen Geist – und zwar nachhaltig.

7.1.3. Übung 3: Die Aufmerksamkeit lenken

Diese Übung zur Aufmerksamkeitslenkung stammt von *Kröner-Herwig et al.* aus dem Jahr 2015.

Dauer: 20 bis 30 Minuten

Ziel: die Aufmerksamkeit gezielt von etwas Störendem abziehen zu können und auf etwas Heilsames ausrichten lernen

Achtsamkeitsübungen unterstützen dich dabei, die Tinnitus-Wahrnehmung zugunsten der Wahrnehmung anderer Sinneseindrücke in den Hintergrund zu verlagern. Ein nicht wahrgenommener Tinnitus ist eben kein störender Tinnitus, deshalb ist bei dieser wichtigen Übung der Tinnitus-Heilungseffekt besonders hoch. Wenn du diese Übung regelmäßig durchführst, wirst du immer häufiger die Erfahrung machen, dass sich die

Wahrnehmung deine es Tinnitus mehr und mehr in den Hintergrund verschiebt.

Du wirst in dieser Übung vielleicht auch feststellen, dass dir die Konzentration auf eine bestimmte Sinneswahrnehmung bzw. einen bestimmten Sinneskanal (sehen, fühlen, riechen, schmecken, hören) leichter fällt als auf eine andere. Genau das kannst du bei weiteren Übungen auch nutzen und bestimmte Sinneswahrnehmungen besonders fördern.

Vorbereitung: Setze dich bei der Übung einer deutlich wahrnehmbaren und vielfältigen Geräuschkulisse aus. Das kann z.B. eine geräuschvolle Umgebung sein, die erklingt, wenn du dein Fenster öffnest. Oder es kann auf einem Marktplatz sein, inmitten des Gewühls. Oder auch eine eingespielte leise Musik. Alles ist für die Übung hilfreich, bis auf einen Sprachhintergrund - weil dieser unsere Aufmerksamkeit zu leicht bindet und von der Übung eher ablenkt, also nicht ideal dafür ist.

Übung: *Lasse deinen Blick durch den Raum schweifen. Schaue dir die Dinge an, die dich umgeben. Achte dabei auf die Formen, Farben, Schattierungen und Muster. Nimm deine optische Umgebung sehr deutlich und bewusst wahr. Benenne innerlich, was du jetzt alles sehen kannst.*

Nimm dir ausreichend Zeit für die ausgiebige, visuelle Wahrnehmung deiner Umgebung. Jetzt lasse das Bild allmählich verblassen und schließe langsam deine Augen.

Achte ab jetzt nur noch auf dein Gehör. Du hörst jetzt all die Hintergrundgeräusche - und vielleicht auch deinen Tinnitus. Und gerade jetzt, wo du ganz aktiv auf das Ohrgeräusch achtest, wird der Tinnitus vermutlich auch in deiner Wahrnehmung lauter hörbar.

Versuche jetzt, deine volle akustische Aufmerksamkeit vom Tinnitus weg, hin zu den anderen Geräuschen zu lenken. Erfasse dabei alle Nuancen und die Vielfalt der Geräusche, höre die Unterschiede zwischen Geräuschen, die besonders nahe und jene, die besonders fern sind. Unterscheide auch die leisen und die lauten Töne.

Versuche jetzt, auch einzelne Klänge und Tone herauszuhören. Betrachte diese einzelnen Elemente jeweils für einen Moment alleine und isoliert, so als ob du in einem Orchester die einzelnen Instrumente heraushören wolltest. So, wie du eine Symphonie der Geräusche hören kannst, nimmst du mitunter auch deinen Tinnitus wahr.

Wende jetzt deine Aufmerksamkeit dem Tinnitus zu. Vielleicht tritt er nun in den Vordergrund, während die anderen Geräusche in den Hintergrund treten. Wenn deine Aufmerksamkeit nun auf dem Hören liegt, sind meist andere Sinneseindrücke weniger oder gar nicht mehr wahrnehmbar. Zum Beispiel wird das Fühlen und Spüren vernachlässigt.

Fokussiere jetzt deine Aufmerksamkeit auf deine Hände. Fühlen sie sich warm oder kalt an, schwer oder leicht? Reibe deine Hände aneinander und fühle den Unterschied. Streichle deine Finger und spüre, wie sich das anfühlt. Versuche nun abwechselnd ganz in die Perspektive der streichelnden und der gestreichelten Hand einzutauchen. Untersuche die Oberfläche deiner

Hand, dann auch die Stoffe deiner Bekleidung: ist die Oberfläche rau oder eher weich, warm oder kühl, trocken oder feucht? Auch in das Spüren kannst du dich so sehr vertiefen, dass dabei deine akustische Umwelt ausgeblendet wird. Auch dein Tinnitus?

Achte ganz kurz darauf, ob sich dein Tinnitus mit der Übung des Fühlens verändert hat. Vielleicht war er kurz weg? Vielleicht ist er aber auch noch da. Entscheide dich jetzt wieder dafür, dich auf die Körperwahrnehmung deiner Atmung zu konzentrieren. Spüre, wie die Luft von außen durch die Nase in die Luftröhre dringt. Wie weit nach unten kannst du dem Luftstrom folgen?

Nimm das Auf und Ab von Brust und Bauch wahr. Folge dem Rhythmus deines Atems: auf und ab - ein und aus.

Beende nun die Übung und spüre noch einmal nach, welche Wahrnehmungen du als besonders intensiv empfunden hast. Und bei welcher Wahrnehmung du vielleicht sogar deinen Tinnitus weniger oder gar nicht mehr gehört hast. Mache diese wichtige Übung auch weiterhin immer wieder, vor allem unter besonderer Berücksichtigung jener Wahrnehmungen, die für dich besonders zugänglich sind.

7.1.4. Übung 4: Achtsam Spazieren gehen

Dauer: 30-60 Minuten

Ziel: mit offenen Sinnen Spazieren gehen und dabei achtsam hören

Ablauf: Gehe auf die Suche nach möglichst vielen Geräuschen, die du in einer Umgebung wahrnehmen kannst. Egal ob Stadtspaziergang oder ein Spaziergang in der Natur – es geht darum so viele wie möglich unterschiedliche Geräusche zu identifizieren, ihnen zu lauschen und zwischen ihnen „umschalten“ zu lernen. So hören sich Geräusche aus der Nähe anders an als welche aus der Ferne, laute unterscheiden sich von leisen Geräuschen, hochtönige von tiefen Tönen. Es gibt auch unterschiedliche Arten von Geräuschen, z.B. jene der Schritte deiner Füße, das Rascheln deiner Kleidung, die Klänge deiner Verdauungsgeräusche und die Laute, die das Atmen verursacht.

Aufgabe: Achte bei deinem Spaziergang auf all jene Geräusche, die du als „Wohlklang“ beschreiben würdest – gehe also auf die Suche nach besonders angenehmen Geräuschen. Frage dich bei diesen angenehmen Geräuschen, was denn das Angenehme dabei ist bzw. worin sich angenehmes Hören von unangenehmem Hören unterscheidet.

So beginnst du deine Hörfilter neu auszurichten, ebenso die Bewertung des Gehörten. Je fokussierter du diese Übung machst, umso mehr tritt der Tinnitus in den Hintergrund, weil einfach deine Aufmerksamkeit auf etwas anderes ausgerichtet wird. Wenn du diese selektive Hörwahrnehmung kultivierst, kannst du jederzeit auf Knopfdruck deinen Tinnitus abschalten.

7.1.5. Übung 5: Selektives Hörtraining

Dauer: ca. 30 Minuten

Ziel: den Fokus deines Hörens schnell und nachhaltig verändern können

Übung: Am besten machst du diese Übung in Bewegung, also zB beim Joggen oder beim langsamen Spazieren gehen. Setze dich in Bewegung und verlagere langsam deine Aufmerksamkeit weg vom Spüren der Bewegungen in Richtung hören.

- *Richte deine Aufmerksamkeit auf Geräusche, die sich von dir wegbewegen oder von denen du dich entfernst – höre die feinen Details der Wahrnehmungsänderung im Hören durch das Ändern der Entfernung (mach das für gut 10 Minuten)*
- *Wechsle nun deinen Fokus und achte auf Geräusche, die dein Körper erzeugt: also z.B. die Bewegung deiner Gliedmaßen, deine Schritte – wie ändert sich das Geräusch, wenn du einen anderen Untergrund betritts? (gut 10 Minuten)*
- *Welche Geräusche erzeugt die Kleidung auf deiner Haut? Kannst du hören, wie sich unterschiedliche Materialien aneinander reiben? (5 Minuten)*
- *Richte jetzt deine Aufmerksamkeit auf Geräusche in der Entfernung? Benenne die Geräusche gedanklich je nach Entfernung: das am weitesten entfernte zuerst, usw. (5 Minuten)*

Nach der Übung: reflektiere kurz, welche Erfahrungen du gemacht hast und was dir dabei besonders aufgefallen ist. Wo und wie war der Tinnitus während den Übungen zu hören?

7.1.6. Übung 6: Achtsames Gehen (*Kinhin*)

Dauer: nach Belieben, mind. 10 Minuten

Ziel: den Geist beruhigen, den Körper achtsam beim Gehen spüren, in die Entspannung kommen

Übung: *Kinhin* (achtsames Gehen) ist vor allem aus der Zen-Meditationspraxis nach *Thich Nhat Hanh* bekannt. Beim achtsamen Gehen geht es darum, die Achtsamkeit solange wie möglich aufrecht zu halten, und zwar geleitet durch jeden einzelnen Schritt. Die Aufmerksamkeit liegt dabei auf jenen Empfindungen, die die einzelnen Phasen des Gehens im Körper hinterlassen:

- *also beim Heben der Ferse,*
- *beim Anheben des Fußes,*
- *beim Nachvorneschieben des Fußes,*
- *beim Absenken des Fußes auf die Ferse,*
- *beim Abrollen der Fußsohle am Boden,*
- *bei der Gewichtsverlagerung beim nächsten Schritt, usw.*

Beim Gehen ist der Blick ungefähr 1,5 Meter vor dir auf den Boden gerichtet, der Kopf bleibt dabei gerade ausgerichtet und der Körper aufrecht. Die Hände sind vor dem Bauch, am besten beim Bauchnabel zusammengefaltet übereinandergelegt. Du gehst langsam, um dich möglichst auf die aufkommenden Empfindungen konzentrieren zu können. Mache dabei kleine Schritte, so als ob du ewig Zeit hättest, anfangs empfiehlt es sich, die achtsame Geh-Übung in Zeitlupe zu vollziehen, mit etwas Übung kann man später sogar achtsam laufen.

Nach wenigen Minuten wirst du merken, dass sich dein Gemüt beruhigt, Unwichtiges verschiebt sich in den Hintergrund und dein Fokus ist ganz auf das Jetzt gerichtet: Achtsamkeit eben.

7.2. Kognitive Verhaltenstherapie

7.2.1. Übung 7: Den Arbeitsspeicher leeren – losgelassen Einschlafen

Dauer: ca. 10 Minuten

Ziel: gedankliches Kreisen verhindern, den Alltag loslassen

Übung: *Nimm dir kurz vor deiner Schlafengehzeit ein paar Minuten Zeit, setze dich an den Küchentisch und leg dir einen Notizblock zur Seite. Notiere stichwortartig deine Reflexion zu den folgenden Fragen:*

- *Welche Gedanken sind gerade präsent?*
- *Sind sie alleine oder kommen sie in Gedankenketten, Geschichten und zusammenhängend?*
- *Welche Gefühle haben sie im Schlepptau?*
- *Wo im Körper kannst du diese Gefühle wahrnehmen?*
- *Was hast du alles am heutigen Tag erfolgreich erledigen können?*

- *Was steht vielleicht morgen an, dass du jetzt hier einmal entspannt ablegen kannst?*
- *Auf was bist du heute so richtig stolz gewesen bzw. wofür bist du nach dem heutigen Tag dir, anderen und dem Leben an sich dankbar?*

Auf diese Weise lagerst du alle Phänomene aus deinem Kopf auf deinen Notizblock aus, dadurch wird dein Kopf frei und dein Gedächtnis muss nicht mehr (im Schlaf) all diese Dinge weiterverarbeiten und wiederkäuen – du wirst den Effekt dieser Übung in verkürzten Einschlafzeiten und entspannterem Durschlafen bemerken.

Wichtig ist, dass es beim Aufschreiben um kein Lösen von Problemen geh, es geht auch nicht darum zu bewerten oder „es ordentlich" zu machen – lass deinen Gedanken einfach freien Lauf, alles was aufkommt schreibe nieder, mache keine Doktorarbeit draus, es reichen Stichworte!

7.2.2. Übung 8: Den Tinnitus kognitiv umdeuten

Dauer: ca. 15 Minuten

Ziel: dem Tinnitus eine neue, heilsame Bedeutung geben (Reframing)

Übung: *Stell dir vor, ein Kind würde dich fragen, wie es sich deinen Tinnitus so verstellen könnte: welche Bilder, Geschichten, Metaphern oder ihm ähnliche Geräusche fallen dir da ein? Sei kreativ! Es geht dabei nicht darum, möglichst exakt zu beschreiben (du sprichst ja mit einem Kind und nicht mit deinem Arzt), sondern einen annähernden Vergleich zu finden.*

Finde einen für dich passenden und angenehmen Vergleichston oder ein Geräusch für deinen Tinnitus. Male dir dann eine Situation oder Geschichte aus, in der dieser angenehme Ton oder das Geräusch eine Wohlfühlatmosphäre schafft. Bleib dabei kreativ und lass dich von deiner Fantasie leiten. Schmücke diese Situation so richtig aus, sauge ihre Eindrücke in dich auf, genieße sie so richtig.

Ein Beispiel: „mein Tinnitus rauscht wie das Meer" oder „in meinem Kopf brummt es wie ein Bienenschwarm"
Nun stelle dir den Bienenschwarm vor: du könntest z.B. auf einer duftenden Blumenwiese liegen, die Sonne wärmt dich von oben und ein sanfter Windhauch umhüllt dich mit dem Duft der Wildkräuter dieser Blumenwiese. Du hast nichts zu tun, räkelst dich in der Wiese und fühlst dich rundum wohl und geborgen.

Für dein Gehirn entsteht ein spannender Effekt: es beginnt – nach oftmaliger Wiederholung – den Tinnitus mit etwas Angenehmen zu verbinden. Je stärker für dich das Erleben auf der Blumenwiese spürbar wird, umso stärker wird auch die kognitive Verbindung des Tinnitus mit etwas Geborgenheit-stiftendem.

Wenn du noch nicht so kreativ bist: dein Tinnitus könnte auch sausen wie der Wind oder zirpen wie die Grillen in Nachbars Garten – sei kreativ!

7.2.3. Übung 9: Die Hochhausübung

Diese Übung stammt von *Michael Huppertz* aus dem Jahr 2013.

Dauer: ca. 15 Minuten

Ziel: Diese Imaginationsübung führt dich in die Rolle des Beobachters deiner selbst: sie lenkt dich vom „Körper sein“ weg, hin zu einer erweiterten, außenstehenden Perspektive, wodurch aus der Distanz eine andere, vielleicht heilsamere Sicht auf die Dinge ermöglicht wird.

Übung: *Nimm eine achtsame Sitzhaltung ein und betrachte zunächst deine Zimmerumgebung. Lasse dann allmählich diese Eindrücke verblassen indem du deine Augen langsam schließt. Achte auf deine Atmung und spüre, wie dich jeder Atemzug langsam ruhiger und entspannter werden lässt.*

Stelle dir nun vor, du würdest aus deinem ruhig dasitzenden Körper herausgleiten. Ein anderer Teil von dir würde nun aufstehen, während du tatsächlich sitzen bleibst. Stelle dir weiter vor, dass dieser Teil jetzt aufsteht und aus dem Raum geht, dass er das Zimmer, die Wohnung oder das Haus verlässt und auf die Straße hinausgeht.

Auf der gegenüberliegenden Straßenseite siehst du (dieser andere Teil von dir) nun ein Hochhaus, das du noch nie zuvor gesehen hast. Das macht dich neugierig und du gehst direkt auf das Hochhaus zu, betrittst es durch eine große Drehtür aus Glas und landest in einem großen Empfangsraum. Dort gehst du direkt auf den Aufzug zu und fährst in die oberste Etage dieses Hochhauses. Oben angelangt, steigst du aus dem Aufzug und gehst auf die Dachterrasse. Du trittst an den Rand der Dachterrasse - von hier aus hat man wirklich einen großartigen Blick über die Stadt: du siehst

Bäume, Häuser, Autos und Menschen und all das in winziger Größe.

Du kannst sogar in einige Fenster der Häuser schauen: in einem siehst du eine alte Frau, die ebenso aus dem Fenster blickt, in einem anderen siehst du spielende Kinder, und durch ein anderes Fenster siehst du ein Paar, das am Tisch sitzt, einen Mann vor dem Fernseher und so weiter.

Als dein Blick so an der Fassade entlang schweift, erblickst du plötzlich auch dich selbst - durch das Fenster deines Raums. Du kannst dich betrachten, wie du da so ruhig auf dem Sessel sitzt, in aufrechter Haltung und mit geschlossenen Augen.

- *nimm dir ruhig Zeit, um diesen Menschen - der du bist, zu betrachten.*
- *was hat dieser Mensch bisher schon alles erreicht - worauf er wohl stolz ist?*
- *welche guten Beziehungen zu ihm wohl gehören?*
- *was er an seinem Körper wohl besonders mag?*
- *was er wohl ganz besonders genießen kann?*

Spüre nun deinen Gefühlen nach, die bei der Betrachtung deiner selbst in dir auftauchen. Vielleicht steigt so etwas wie ein Impuls, ein Gedanke, eine Idee oder eine kleine Anmerkung in dir hoch, die du dir etwas später notieren möchtest.

Sammle nun all diese Gefühle und Gedanken und gehe wieder zurück zum Aufzug, der dich wieder ins Erdgeschoß bringt, dorthin wo du das Haus durch das

Foyer und durch die Drehtür wieder verlässt. Du spazierst noch eine Weile bis dich dein Weg wieder nachhause führt. Du kommst wieder an in deinem Haus oder deiner Wohnung und betrittst jenen Raum, wo du allmählich wieder in deinen Körper zurückfindest.

Achte auf deine Atmung, spüre den Kontakt zum Stuhl auf dem du sitzt, fühle wie deine Füße den Boden berühren.

Spüre noch ein paar Minuten den Eindrücken nach: deinen Gedanken, den Gefühlen und Ideen - ohne zu werten, ohne etwas festzuhalten – wenn du magst notiere Wichtiges für dich.

Entscheide dich dann, wieder ganz ins Hier und Jetzt zurückzukommen, atme ein paar Male bewusst ein - und aus, recke dich etwas und strecke deine Arme und Beine.

7.2.4. Übung 10: Glaubenssätze erkennen und verstehen

Dauer: ca. 30 Minuten

Ziel: hinderliche Glaubenssätze erkennen und Lösungen dafür finden

Übung: Persönlichkeit ist ein Versuch, uns vor dem zu schützen, vor dem wir im Leben am meisten Angst haben. Dabei entstehen auch kognitive Leitplanken, die unser Leben steuern und sichern sollen: die sogenannten Glaubenssätze. Mit diesen Glaubenssätzen verstehen wir die Welt und finden uns in ihr zurecht, doch manchmal beginnen diese Glaubenssätze auch im

Weg zu stehen. Vor allem dann, wenn wir sie ungefragt und unreflektiert von Eltern oder nahen Bezugspersonen übernommen haben. Es gibt unglaublich viele und vor allem vielseitig wirksame Glaubenssätze, ein paar davon kannst du in dieser Übung reflektieren, z.B. indem du die folgenden Satzanfänge so spontan wie möglich vollendest:

- Um glücklich zu sein, muss ich .... tun, und .... vermeiden.
- Um geliebt zu werden, muss ich .... tun, und .... vermeiden.
- Um dazuzugehören, muss ich .... tun, und .... vermeiden.

- Um Anerkennung zu bekommen, muss ich .... tun, und .... vermeiden.
- Um Angst (Wut, Traurigkeit, ...) nicht fühlen zu müssen, muss ich .... tun, und .... vermeiden.
- Um erfolgreich zu sein, muss ich .... tun, und .... vermeiden.

Prüfe für dich, ob diese Glaubenssätze hier und heute für dich noch hilfreich sind – wenn nicht, mache dir bewusst, dass sie unheilsam sind und lasse sie allmählich los.

7.2.5. Übung 11: Durchschlafstörungen beseitigen

Ziel: Sorgen und überschäumende Emotionen, die dich nachts wach werden lassen zu besänftigen und auf bessere Zeiten für Problemlösung verschieben.

Übung: Durchschlafstörungen sind nicht nur unangenehm, sie hindern auch an der so wichtigen Regeneration im Schlaf – über einen längeren Zeitraum nicht durchschlafen zu können beginnt rasch an den Kräftereserven zu zehren. Deshalb ist es wichtig, die Ursache für Durchschlafstörungen frühzeitig zu erkennen und zu beseitigen.

Die Hauptursache für Durchschlafstörungen sind Sorgen, negative Gedankenspiralen und überfordernde Emotionen, vor allem Ängste. Lege dir deshalb einen Notizblock und einen Stift auf dein Nachtkästchen. Wenn du wachliegst, kannst du dann all die belastenden Gedanken, Sorgen und Emotionen zu Papier bringen und sie so aus deinem Kopf auslagern. Schreibe dabei in Stichworten, es geht weniger um den umfassenden Inhalt, sondern um den Akt, die Energie aus deinem Kopf raus, auf ein Blatt Papier zu bringen. Lese dir die Stichworte durch, wenn du mit dem Schreiben fertig bist:

- *Handelt es sich um eine dringliche Aufgabe, die sofort erledigt werden muss?* Wenn ja, dann stehe auf und erledige sie sofort – das lässt dich eher wieder einschlafen, als weiter darüber nachzudenken.
- *Braucht es noch etwas an weiteren Überlegungen zu deinen Gedanken?* Wenn ja, dann stell dir einen Timer für 5 Minuten und denke diese 5 Minuten wirklich konzentriert nach, schreibe alles Wichtige auf und lege dann Stift und Papier auf die Seite.

Diese Übung hilft dir, mit einem guten Gefühl wieder einschlafen zu können und sorgt auch dafür, dass dein Geist während der Schlafphase so ruhig sein wird, dass Durschlafen wieder möglich ist.

Wenn du trotzdem nicht schlafen kannst, ist es besser, aufzustehen und dem Unruhegefühl in Form von Bewegung nachzugehen. So entsteht allmählich wieder Entspannung im Organismus und die Frustphase bleib relativ kurz – danach lässt es sich meist wieder gut einschlafen.

Versuche auch, deine mindestens benötigte Schlafdauer herauszufinden und vor allem, zwischen welchen Zeiten du am besten schlafen und regenerieren kannst: benötigst du z.B. 8 Stunden für ein erfrischtes Aufwachen morgens, dann gilt es zu jenem Zeitpunkt ins Bett zu gehen, dass auch 8 Stunden Schlafphase ermöglicht sind.

7.3. Amygdala Retraining

7.3.1 Übung 12: Vermiedene Emotionen

Dauer: ca. 45 Minuten

Ziel: vermiedene Emotionen zu identifizieren, zu aktivieren und sie anschließend loszulassen.

(Heftige) Emotionen sind Begleiterscheinungen von Maßnahmen unseres Gehirns zur Überlebenssicherung. Zum Beispiel ist starke Wut ein Hinweis, dass wir uns in unserem Überleben bedroht fühlen – die

Amygdala wird aktiv und stößt das adrenocorticotrophe Hormon aus, das dann über die Nebennierenrinde Cortisol, Adrenalin und Noradrenalin in den Körper pumpt und den *fight or flight* Modus aktiviert. Werden diese Emotionen jedoch – meist aus Angst davor oder Unwissenheit – vermieden oder sogar unterdrückt, so staut sich um Nervensystem eine unheilsame Energie an, die dann beim kleinsten Vorfall entladen werden kann – meist mit unangenehmen Folgen für alle Beteiligten. Deshalb sind unsere Emotionen ein wesentliches Sprachrohr, das uns begleitet und auch lenkt – egal ob wir uns der Emotionen bewusst sind oder nicht. Mögliche Emotionen können z.B. sein: Angst, Wut, Trauer, Ekel, Scham, Glück, Sorge, Lust, Überraschung, Entzücken, Widerstand, Schock, Ehrfurcht, Langeweile, Entsetzen, Aufregung, Erregung, Interesse, Befriedigung, Gelassenheit, Verlangen, Verwirrtsein, u.v.a.

<u>Übung</u>: *Stelle dir folgende Fragen:*

- *Welche 3 Emotionen sind dir in deiner Kindheit am häufigsten begegnet?*
- *Welche 3 Emotionen hast du in deiner Kindheit versucht zu vermeiden? Warum?*
- *Welche 3 Emotionen begegnen dir heute als Erwachsener am häufigsten?*
- *Welche 3 Emotionen versuchst du als Erwachsener am meisten zu vermeiden? Warum?*
- *Was würde denn passieren, wenn du deine Emotionen ausleben und dich ihnen öffnen würdest?*

- *Wie würde es sich anfühlen, diese Emotionen nicht mehr vermeiden zu müssen?*

Schaue dir jetzt deine, in der Kindheit und heute vermiedenen Emotionen etwas genauer an: sind es dieselben?

In der Regel werden bestimmte Emotionen deshalb vermieden, weil wir denken, dass sie nicht angebracht sind oder aber, dass sie zu stark sind und wir sie dann nicht aushalten könnten.

Kannst du dir eine Situation vorstellen in der es völlig in Ordnung wäre, (d)eine vermiedene Emotion zu zeigen und sie auszuleben?

Vielleicht gibt es eine vertraute Person oder eine sichere Situation, mit/in der du vermiedene Emotionen einfach einmal ausprobieren kannst?

So kannst du Schritt-für-Schritt deine Komfortzone etwas erweitern und den Druck, der aus vermiedenen und aufgestauten Emotionen in deinem Nervensystem steckt, ganz gezielt und heilsam ablassen.

7.3.2. Übung 13: ASMR hören

Dauer: ca. 15 Minuten

Ziel: Oxytocin im Körper zu erhöhen, angespannte Amygdalae wieder entspannen, Geborgenheit erhöhen

Übung: *ASMR* steht für *autonomous sensory meridian response* und beschreibt einen sehr jungen Trend der *Social Medias*, vor allem auf *youtube*. Dort zeigten sich besonders kameraaffine Menschen beim Ausführen ganz simpler und vor allem ganz langsam durchgeführter Handlungen wie z.B. Streicheln der Hände, das Bürsten der Haare, das langsame Zubereiten von Speisen, das maximale Genießen dieser Speisen usw. Kommentiert wurden diese Handlungen meist mit ruhigen, angenehmen Sprachbegleitungen.

Die Betrachter dieser einfachen dargebotenen Handlungen berichteten über ein besonders angenehm empfundenes Kribbeln auf der Haut, manche sogar von wahren Körper-Orgasmen – weshalb sich dann die neurowissenschaftliche Forschung diesem Phänomen angenommen hat.

Mittlerweile ist gut belegt, dass *ASMR* nicht nur den Oxytocin Spiegel drastisch erhöht und damit ein Wonnegefühl und Geborgenheit empfinden lässt, für viele Tinnitus Betroffene stellt sich dadurch auch bei lauten Tinnitus Attacken ein rasches, beruhigendes und wohltuendes Körper- und Kopfgefühl ein – weshalb du *ASMR* in jedem Fall einmal probieren solltest.

Du findest auf *youtube* unzählige interessante – und sogar bereits thematisch fokussierte *ASMR* Clips z.B. zum Einschlafen, zum Entspannen, also einfach nach „*ASMR*“ suchen und dich überraschen lassen.

7.4. Vagusnerv-Training

7.4.1. Übung 14: Der Vagusnerv-Triggerpunkt

Dauer: ca. 5 Minuten

Ziel: *Über das Klopfen des Vagusnerv-Triggerpunktes den parasympathischen Nervenstrang zu aktivieren und dadurch in die Entspannung zu kommen*

Übung: *Setze dich aufrecht auf einen Stuhl. Dein Kopf blickt gerade nach vorne und ist ganz aufrecht, so als ob am Scheitelpunkt ein seidener Faden hängt, der ihn sanft nach oben zieht.*

Nun bedecke mit beiden Handflächen deine Ohren, so als ob die sie zuhalten wolltest. Deine Fingerspitzen zeigen dabei nach hinten und deine Ellbögen sind spitz nach vorne gerichtet.

Spüre jetzt in deine Fingerkuppen – vor allem auf jene beiden Punkte, auf denen die Fingerkuppen deiner beiden Mittelfinger zum Liegen gekommen sind. Das sind genau jene Punkte am Beginn des Schädelknochens, wo auch die Nackenmuskulatur beginnt.

Bleibe bei genau dieser Handhaltung, jedoch lege jetzt deine beiden Zeigefinger über den jeweiligen Mittelfinger, so als ob du diesen kreuzen wolltest. Dadurch entsteht eine leichte Spannung im Zeigefinger, weil er nach oben gebogen wird.

Übe jetzt mit beiden Zeigefingern einen leichten Druck auf den darunterliegenden Mittelfinger aus, und lasse die Zeigefinger dann federnd nach unten schnippsen – dabei entsteht ein leicht klatschendes Geräusch. Dann lege die Zeigefinger wieder auf die Mittelfinger – und dasselbe von vorne: schnipp - schnipp - schnipp.

Mit dem Schnippsen wird der Ansatz deiner Nackenmuskeln klopfend massiert, viel wichtiger aber: dabei dein Vagusnerv stimuliert. Mache diese Übung mindestens 5 Minuten lang und du wirst sehen, dass sich Entspannung in deinem Organismus dadurch ausbreitet. Viele Tinnitus Betroffenen berichten, dass sie allein durch diese Übung das Ausmaß ihres Tinnitus um die Hälfte reduzieren können, also leg los – es lohnt sich.

7.4.2. Übung 15: Box-Breathing

Dauer: ca. 15 Minuten

Ziel: nachhaltige Entspannung deines Nervensystems

Übung: Der parasympathische Strang unseres Nervensystems steuert auch die Atmung an. Umgekehrt wirkt die Atmung auch auf das Nervensystem zurück: Tiefe und Länge der Atemzüge sind mit einem Code vergleichbar, der vom Nervensystem dann entschlüsselt und in Aktion umgesetzt wird. Atmen wir also in bestimmten Rhythmen, Längen und Abständen, dann haben wir darüber einen indirekten Einfluss auf unser Nervensystem. Eine besonders effektive Möglichkeit, das zu tun ist das sogenannte Box-Breathing, eine Technik, die auch von den Eliteeinheiten der Exekutive genutzt wird.

Atme also wie folgt, um dein Nervensystem sofort zu beruhigen:

- *atme 4 Sekunden sanft in deinen Bauch ein*
- *halte für 4 Sekunden die Atemluft im Bauchraum zurück*
- *lasse deinen Atem so ausströmen, dass das Ausströmen 4 Sekunden andauert*
- *halte für 4 Sekunden inne, bevor du wieder für 4 Sekunden einatmest*

Je geübter du wirst, umso rascher kannst du die Dauer jedes dieser 4 Abschnitte anheben, also von auf 5, 6, 7, 8 Sekunden – wichtig ist jedoch nicht nur die Länge des Haltens, sondern dass jeder dieser 4 Abschnitte im Atemvorgang gleich lange durchgeführt wird.

7.4.3. Übung 16: Die Summ-Therapie

Dauer: ca. 10 Minuten

Ziel: die Tinnitus Wahrnehmung reduzieren und den auditorischen Cortex dahingehend neu zu programmieren, die Tinnitus-Frequenzen auszufiltern

Übung: Nach 5 Tagen Training sagten 80% der Studienteilnehmer, dass sie den Tinnitus nicht mehr als quälend empfinden, 8% gaben sogar an, dass der Tinnitus komplett verschwunden ist: die Rede ist von einer gezielten Summ-Therapie.

Beim Summen eines Tons wird nicht nur sein Grundton angestimmt, sondern alle Unter- wie Obertöne zu diesem Grundton. Dadurch entsteht die „schwebende" Wirkung des gesummten Tons, der auch in Form von Vibrationen im Körper, vor allem im Kehlkopfbereich spürbar ist. Kehlkopfgesang und tiefsonores Chanting wird in vielen mystischen und spirituellen Kulturen dazu verwendet, den Geist in eine andere Form des Bewusstseins (Trance) zu führen.

Tatsächlich ist es so, dass das Summen den Vagusnerv stimuliert und dadurch zu einer raschen Entspannung führt. Achtsame Eltern summen Kinderlieder, wenn ihre kleinen Kinder nicht schlafen können oder weinen. Diese spürbaren Vibrationen und die hörbaren Ober- und Untertöne wirken direkt in die tieferen Schichten unseres Gehirns, sie entspannen das limbische System und in weiterer Folge stressbedingte Stammhirnreaktionen.

Aus neurowissenschaftlicher Sicht reduziert sich auch deshalb der Tinnitus, weil durch das Anklingen von Ober- und Untertönen beim Summen auch mit etwas Glück jene Frequenzen getroffen werden, die im auditorischen Cortex eben hypersensibel verstärkt wurden, was auch den Tinnitus ausgelöst hat.

Summen ist wahrlich die einfachste Form, deinen Tinnitus bei kontinuierlicher Anwendung zum Verklingen zu bringen – probiere es einfach aus.

Eine Variante ist, während des Summens noch Augenbewegungen durchzuführen – dadurch verstärkt sich der neuroplastische Effekt des Summens auf den auditorischen Cortex. Sofern du nicht an *Morbus Meniere* oder Tinnitus mit Schwindel leidest:

Setze dich aufrecht auf einen Stuhl und halte den Kopf aufrecht. Ohne den Kopf mit zu bewegen, lenke jetzt deine Augen nach links, nach rechts, nach links, nach rechts – so schnell du kannst. So als ob vor dir jemand mit einem Fächer wedeln würde und du mit deinen Augen den Fächer verfolgst. Du kannst auch die Augen nach links oben, rechts unten und dann wieder horizontal links/rechts bewegen – wichtig ist, dass du es schnell machst und ohne mit dem Kopf mitzugehen.

Jetzt beginne zu summen, und das während du die Augen bewegst: das verlangt einiges an Koordination von dir ab, aber genau diesen „verstörenden" Effekt nutzen wir eine neuroplastische Neuprogrammierung deines auditorischen Cortex. Summe immer wieder unterschiedliche Töne und spüre dabei, wie dein ganzer Körper vibriert.

Du wirst nach wenigen Tagen disziplinierter „Summ-Therapie" erstaunliche Ergebnisse bemerken.

7.5. Zusammenfassung

Ich habe dir in diesem Kapitel 16 einfache, aber hochwirksame Übungen aus dem *Mindfulness Based Tinnitus Reduction Training* vorgestellt. Natürlich gibt es noch viele weitere sehr einflussreiche Übungen dazu, die ich jedoch aus Gründen der Komplexität nur sehr schwer in Form eines Textes für ein Buch beschreiben kann. Deshalb verweise ich dich gerne auch auf meinen *Videokurs „Frei von Tinnitus"*, in dem ich dir die tiefgreifendsten Übungen aus dem *Mindfulness Based Tinnitus Reduction Training* nicht nur ausführlich erkläre, sondern sie dir auch an mir selbst vorführe – so ist das Nachmachen leicht und der Erfolg garantiert.

Ich bin mir sicher, dass die 16 ausgewählten Übungen aus dem Achtsamkeitstraining, der kognitiven Verhaltenstherapie, dem Amygdala Retraining und dem Vagusnervtraining für dich von hoher Wirksamkeit sind und dass du damit den Schlüssel für ein Leben „Frei von Tinnitus" in die Hand bekommen hast – nun liegt es an dir, den Schlüssel ins Schloss zu stecken und das Tor zur Freiheit aufzustoßen. Bevor du loslegst habe ich noch ein paar Anregungen, wie du die Übungen am besten in deinen Alltag integrierst und sie so zu einer wertvollen Tinnitus Selbsttherapie für dich gestaltest.

8. Die 5 Erfolgsprinzipien

Ich weiß, du möchtest schon dringlich loslegen und es ist auch gut, dass du so motiviert bist, aber lass mich kurz noch ein paar Worte zum Erfolg oder zum tatsächlichen Erfolg für die Übungen in diesem Buch sagen. Es ist wesentlich, dass du

- *einerseits die richtigen Dinge (also die für dich passenden Übungen) durchführst, es ist aber auch ganz entscheidend, die passenden Übungen auch*
- *richtig auszuführen.*

Nur so sind die Übungen aus diesem Buch effizient *und* effektiv, um dich von deinem Tinnitus zu befreien. Aber noch viel wichtiger ist, WIE und vor allem IN WELCHER HALTUNG du die Übungen anwendest. Deshalb möchte ich dir hier noch ganz kurz die fünf Geheimnisse oder Erfolgsprinzipien für deine Tinnitus Heilung mit auf den Weg geben.

- Das erste Grundprinzip für das Üben mit dem *Mindfulness Based Tinnitus Reduction Training* ist: **mach es nicht perfekt!** Ich sage das deshalb so deutlich, weil 80 Prozent aller Tinnitus Patienten mit Stress ein großes Problem haben: es ist der Stress, der den Tinnitus lauter wahrnehmbar macht und auch die Komorbiditäten entstehen lässt, wie Schlafstörungen und so weiter. Und Stress ist die Ursache eines falschen Programms, dass wir in uns tragen, nämlich sogenannte Antreiber, die wirken, wenn wir etwas tun.

- Da gibt es Antreiber, wie *sei perfekt!*, *sei stark!*, *mach es allen recht!*, *sei schnell!*. Und wenn du diese Programme in dir drinnen hast, dann ist egal, was du tust. Diese Programme wirken in deinem Tun und wenn du ein Stressprogramm hast, das „*mach es perfekt!*" heißt, dann wirst du auch versuchen, diese Übungen bis ins kleinste Detail perfekt machen zu wollen. Und Perfektion verursacht Stress, Stress steigert den Tinnitus und macht damit die Erfolge dieses Programms wieder zunichte.
- Also: es ist nicht nötig, dass du perfekt bist, sondern mache die Übungen so, wie sie angeleitet sind und sie werden ihre Wirkung entfalten. Aber nur dann, wenn du es stressfrei machst. Also das ist das erste Erfolgsprinzip: mach es nicht perfekt!
- Das zweite Erfolgsprinzip lautet: **du musst nichts tun, damit der Tinnitus leiser wird**, du kannst gar nichts tun, damit der Tinnitus leiser wird, **du musst nur die Übungen wirken lassen.** Es reicht, wenn du mit den Übungen die Bedingungen dafür schaffst, dass sich dein Gehirn wieder reorganisiert, also neuroplastisch auf das Ohrgeräusch einstellt. Denn dann wird das Ohrgeräusch wieder in deiner Wahrnehmung so weit integriert, dass es nicht mehr störend ist. Konzentriere dich also auf die Durchführung und strebe nicht nach einem Ergebnis.
- Der Weg ist das Ziel und das gilt hier im wahrsten Sinne des Wortes. Prüfe nicht ständig

nach, ob etwas wirkt. Das machen viele Tinnitus Patienten, wenn sie neue Therapien angehen. Sie machen kurz eine Übung und sind enttäuscht, wenn es nicht sofort gewirkt hat. In dem Moment, in dem du nachprüfst, ob etwas schon gewirkt hat oder nicht, entwickelst du wieder ein negatives Mindset, negative Gedanken und diese negativen Gedanken sorgen dann dafür, dass du weniger übst, die Übungen nicht mehr korrekt ausführst und das führt letztlich dazu, dass Therapien auch nicht wirken können.

- Das heißt, lass das prüfen, ob eine Übung sofort wirkt, widme dich ausschließlich dem Üben. Das ist auch deshalb ratsam, weil es in jedem Heilungsverlauf Phasen gibt, wo es kurz bergauf und dann wieder bergab geht. Das ist völlig normal. Das Entscheidende ist, dass der Heilprozess eine lineare Steigung, einen Anstieg hat, ein Vorankommen hat, und das wird er haben, wenn du gewissenhaft übst.
- Das dritte Erfolgsprinzip lautet: **mache mit dir einen Deal, für mindestens 4-6 Wochen die Übungen durchzuführen**: beharrlich und diszipliniert. Dein Gehirn muss die Wahrnehmung deines Tinnitus völlig neu lernen. Das braucht Ruhe, Entspannung und vor allem braucht es Zeit.
- Erfolgsprinzip 4 lautet: **kämpfe nicht gegen den Tinnitus!** Das *Mindfulness Based Tinnitus Reduction Training* ist keine Therapie, die den Tinnitus eliminieren soll, sondern du sollst damit umzugehen lernen. Und zwar auf eine Art und Weise, die für dich heilsam ist. Und wenn du

das verstanden hast, wie du mit dem Ohrgeräusch umgehen kannst, sich dein Gehirn auf das Ohrgeräusch neu einstellen kann, dann wirst du merken, dass das Tinnitus-Geräusch und die Belastung neuroplastisch nach unten reguliert werden.

- In dem Moment jedoch, wo du sagst: *„ich will den Tinnitus nicht haben, ich möchte mich damit nicht auseinandersetzen*", in diesem Moment blockierst du die neuroplastische Entwicklung deines Gehirns, deshalb kämpfe nicht gegen den Tinnitus, lass ab jetzt den Tinnitus aus deinen Gedanken draußen, widme dich deinem Training, ohne auf ein Ziel hinzusteuern.
- Und das Wichtigste, was ich dir jetzt auch noch mitgeben kann: schließe ab jetzt einen Deal mit dir und **höre auf zu googeln**, höre auf, Berichte über deine Erkrankung zu lesen, höre auf, dich in Internet Foren herum zu treiben und zu lesen, welche schwierigen Situationen andere mit dem Tinnitus hatten.
- Ab jetzt liegt dein Fokus darauf, dich zu entspannen, Gelassenheit zu lernen, dein Gehirn langsam an das Ohrgeräusch anpassen zu lernen und zu lernen, wie du mit dem Tinnitus entspannter umgehen kannst. Deshalb meide alle negativen Berichterstattungen, es hat jetzt keinen Sinn mehr. Jetzt gilt es, sich darauf auszurichten, dieses *Mindfulness Based Tinnitus Reduction Training* umzusetzen.

Das sind die besten Voraussetzungen dafür, dass dieses Programm in deinem Gehirn neue Strukturen, neuen neuronale Netzwerke bilden kann, die das Ohrgeräusch inkludieren und damit künftig mehr und mehr auszufiltern beginnen. Es geht um keinen Wettbewerb. Ich schätze, dass du schon länger chronisch erkrankt bist, das heißt du hast jetzt auch keinen Stress mehr, dass Heilung morgen eintreten muss. Natürlich wäre das wünschenswert, aber begib dich auf eine Reise von maximal sechs Monaten und du wirst sehen, dass der Tinnitus dann Geschichte ist, weil dein Gehirn gelernt hat, damit umzugehen.

Es braucht diese Zeit des disziplinierten Übens - wie gesagt, die Studien gehen von sechs, bis acht Wochen aus. Ich bin der Meinung, dass du mit drei Monaten täglicher Übung einen grandiosen Effekt erzielen wirst, aber es braucht eben diese Disziplin für diese drei Monate und das ist mein abschließender Appell an dich: mache wirklich diesen Deal mit dir und gehe diszipliniert mit den Übungen ans Werk.

Ich freue mich auf jeden Fall, dass du dieses Buch bis zum Schluss gelesen hast, ich wünsche dir alles erdenklich Gute, viel Spaß und Erfolg für deine Tinnitus Heilung.

Herzlichst,
dein Markus

Quellenverzeichnis

de Ridder et al. (2011): Phantom percepts: Tinnitus and pain as persisting aversive memory networks; PNAS May 17, 2011 108 (20) 8075-8080

Deutsches Museum, München: Haarzellen im Innenohr, aufgenommen mit einem Rasterelektronenmikroskop (2008), online

Gans, O'Sullivan, Bircheff (2013): Mindfulness Based Tinnitus Stress Reduction Pilot Study

Hiller, W./Goebel, G. (1992). A psychometric study of complaints in chronic tinnitus. Journal of Psychosomatic Research, 36(4), 337–348

Hiller, W./Goebel, G. (2004): Rapid assesment of tinnitus-related psychological distress using the Mini-TQ; International Journal of Audiology 43: 600-604

Hupertz, M. (2013): Achtsamkeitsübungen – Experimente mit einem anderen Lebensgefühl; Junferman, Paderborn

Kreuzer et al. (2013): Kriterien für eine effiziente Tinnitus Diagnostik; in „Deutsches Ärzteblatt" Int 2013; 110(16): 278-84

Kröner-Herwig, B. et al. (2015): Tinnitus; Beltz, Weinheim

Rimser, M. (2022): Frei von Tinnitus. Das *Mindfulness Based Tinnitus Reduction Training* (MBTR) – ein achtsamkeitsbasierter Ansatz im Tinnitus Retraining; St. Pölten

Mein Geschenk für dich

Reduziere mit der modernen Tinnitus Selbsttherapie für zuhause in 8 Wochen deine Tinnitus-Belastung um 87%. Du brauchst ***keine*** **teuren technischen Geräte, Antidepressiva, Ohrentropfen oder ständige Musik** am Ohr. Aus Erfahrung wissen wir, dass du mit unserem Programm deinen **Tinnitus in nur 8 Wochen nachweislich um 87 % reduzieren** kannst.

Melde dich JETZT an:

Jetzt-Tinnitus-Loswerden.net

Mit dem Rabatt-Code „Buch" erhältst du den vollen Zugang **im 1. Monat für nur 1€:**